【科普大家】

缩小而又膨胀的世界
——全球化的机遇与挑战

何晓红 著

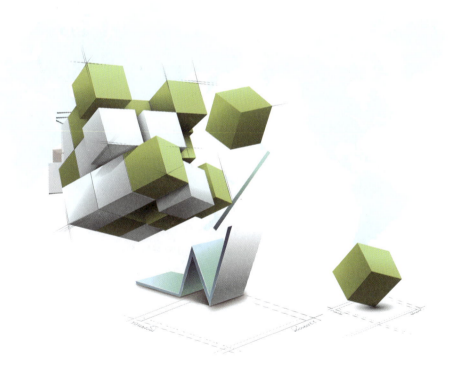

中国科学技术出版社
·北 京·

图书在版编目(CIP)数据

缩小而又膨胀的世界：全球化的机遇与挑战/何晓红著 —北京：
中国科学技术出版社，2012

ISBN 978−7−5046−5844−9

Ⅰ.①缩... Ⅱ.①何... Ⅲ.①全球化−研究 Ⅳ.①D81

中国版本图书馆CIP数据核字（2011）第237880号

本社图书贴有防伪标志，未贴为盗版

出 版 人	苏 青
策划编辑	肖 叶
责任编辑	张 莉
封面设计	阳 光
责任校对	张林娜
责任印制	马宇晨
法律顾问	宋润君

中国科学技术出版社出版

北京市海淀区中关村南大街16号 邮政编码:100081

电话:010−62173865 传真:010−62179148

http://www.cspbooks.com.cn

科学普及出版社发行部发行

北京盛通印刷股份有限公司印刷

*

开本:700毫米×1000毫米 1/16 印张:13.75 字数:250千字

2012年3月第1版 2012年3月第1次印刷

ISBN 978−7−5046−5844−9/D·87

印数:1−5 000册 定价:39.90元

何晓红

　　美国得克萨斯大学达拉斯分校国际工商管理学博士。国际商务和管理学终身正教授。

　　美国奎尼皮埃克大学国际商务管理学系创始人并曾任该系和市场学系主任数十年之久。

　　曾任美国灰狗公司远东商务发展部主任。发表了数十篇学术论文和著作。服务于美国多家学术学报编辑委员会并在专业学术组织担任过领导，曾任全球企业教育协会主席和书记。她还被美国康涅狄格州奎尼皮埃克大学授予优秀教师奖。

作者简介

前言

　　全球化是当今世界最有争议的一个热点问题。有人极力推崇全球化，认为它是人类社会走向美好明天的希望；也有人极力反对全球化，认为它是对一个国家繁荣的一种威胁。总之，有人在支持，也有人在谴责。尽管如此，双方都认为全球化将深深地影响着我们人类和地球的未来。人类科技的进步正在以飞快的速度消除着人类之间不同时间、不同空间、不同语言和文化的隔阂，特别是交通和网络信息方面的发展推动了全球化。这个全球化过程是一个加强世界人民彼此间了解和更加相互依存的过程，不但缩短了人类彼此之间的地理距离，也缩短了彼此之间的心理距离。与此同时，人们的心怀和视野也从各自的家乡扩展到整个世界。正如本书题目所言，全球化是一个缩小而又膨胀的矛盾世界。

　　全球化的进程从人类出现就开始了。这个步伐只是在近代明显地加快了。那些企图阻止人类接触，阻止商品交换，阻止思想交流的势力在历史上已经失败过多次。20世纪，人类虽然为两次世界大战和将近半个世纪的冷战付出了高昂的代价，但是这些并没有使我们彼此隔离。20世纪末恐怖主义的出现，虽然对世界造成一定的破坏和创伤，但它同样不能阻挡全球化的进程。面临波及全球的金融海啸，一方面，各国政府要重新审视20世纪自冷战之后所实行的自由资本主义经济政策；另一方面，也要认识到贸易保护主义和锁国政策没有出路，这再一次呈现了全球性合作的姿态和表现出对全球化进程的积极态度。

　　尽管在这个进程中，我们将会面临更多的全球性挑战，同时我们也将有希望找到全球性合作的途径和应对机制，并不断建立和完善全球性的监管机制。全球化能够，而且应该在全世界人民的共同努力下向好的方向发展。通往全球化的道路有很多，不仅仅只有一条，我们应该选择，同时也能够选择好最适合本民族发展的全球化道路。

富有见识的地球居民们既不会反对，但也不会被动地屈从于随全球化所带来的巨大动力。他们会利用和引导全球化的巨大力量朝他们所希望的结果发展。这些结果包括自由和繁荣、民主和宽容。而且有良知的地球公民需要一种历史观，促使他们从历史的角度来理解和审视世界性的重大问题。

世界经济、自由贸易以及跨国公司在全球贸易与投资中的重要作用是不可否认的。这与我们的日常生活息息相关。在全球化的进程中，大家都知道开放和自由市场机制的引入并不意味着一个国家经济的自然发展和国富民强。我们要了解如何利用全球化所带来的机遇和如何应对全球化所带来的挑战。要回答这两个问题我们必须要了解全球化的历史和本质。在这个基础上，我们要寻求在全球化这个大环境下中国发展和富强的道路。同时，我们要了解一系列问题：什么是衡量一个国家发展的标准？一个国家的发展是否给人民真正地带来了实惠？经济的增长是否扩大了全民的就业机会？经济的增长是否使广大老百姓都受益了？经济的增长是否改善或提高了人民当家作主的权利？经济的增长是否建立、维护并延续了这个国家和民族的文化传统？经济的增长是否考虑了今后子孙后代的未来发展？经济的增长是否就意味着物质的丰富和更高的消费水平？

本书将考察全球化与科技发展、国际贸易、资本流动和跨国公司发展的历史和本质以及隐藏的深层含义。作者将尽可能地列出争议双方的观点，例如自由贸易和贸易保护、资本的跨国自由流动和国际资本流动监管等利弊问题。本书将详细地解释关于这些争论后面的含义，以便促使读者去寻找答案。为了从历史和世界经济的视角去解读全球化，作者在每章尽可能地提供历史背景方便读者更好地去理解这些争论的焦点。本书特别重视发展中国家与世界市场接轨时所面临的问题。也许这对解读当前美次贷危机所引起的全球性金融海啸更具有其独特的意义。同时，每章也讨论了涉及中国的全球化问题。

本书的结构

本书分六章。第一章，在人类历史背景下审视了全球化，并且对世界经济问题作出了概括的描述。同时，本章对人类的总体发展特别关注，例如，经济平等和经济的全面发展。这种分析与回顾为引入围绕全球化所展开的争论作了一个铺垫。第二章到第五章介绍了全球化的四大推动力：科技（第二章）、国际贸易（第三章）、资本流动（第四章）和跨国公司（第五章）。在第五章中，作者详细探讨了一种最独特的全球化的产物，即跨国公司（MNC）。跨国公司是创造、发展和利用全球化推动力的主要商业机构，在运作的过程中与全球性组织机构、东道国的经济和政治制度互动。每章都详细探讨了每个推动力是怎样推动全球化进程的，又是如何改变我们生活的。在第六章中，作者重点阐述了全球化和与其对应的全球可持续性发展的问题以及如何应对全球化所带来的挑战。作者还主要论述了建立一个全球社会以及每个社会所面临的选择这两个问题。各国的选择将决定人类与环境的持续发展。也许全球化是一个挑战，但并不是不可应对的挑战。作者认为，全球化的未来掌握在本书的读者手中。本书的有些图片取自网络，在这里作者诚心地感谢这些摄影师们的伟大贡献和他们为我们了解全球化所打开的窗口。

目录

第一章
全球化的由来：一个缩小而又膨胀的矛盾世界

引 言

　　全世界的人们正在以一种加速的节奏越来越紧密地联系在一起。这种大家生活得更紧密的进程我们称其为"全球化"，它起源于人类文明的诞生，并且一直持续至今。近来，特别是在20世纪的后20年里，信息技术的革命、经济和政治意识形态的趋同、跨国公司的发展，所有的这些因素都加快了全球化的步伐，进而影响到我们生活的方方面面。

　　当宇航员从遥远的太空上瞭望我们的地球时，他首先想到的是那颗美丽的球体是他的家园。当一个人在地球以外时，他对地球的某个地区和国家的归属感就变得相对淡化而对地球村的归属感则上升为首位。而全球化，则正在改变着我们对地球、国家和民族的视角。例如，每天海量的电子邮件和手机短信将我们的距离拉近，超音速飞机和磁悬浮列车将过去的几个月、几天的行程缩短到一天之内，跨洋的超级货轮和冷冻集装箱使我们一年四季都可以享受世界各地生产的鲜美食物。时间、空间和地理距离被科学技术的创造发明快速缩短。同时，地球生态环境的恶化、疾病的快速传播、超国界扩散的工业化污染和气候变暖也使我们考虑未来的视角从一个民族和国家上升到整个地球。我们都是地球村的一员，它的存亡关系着我们大家的命运和我们子孙后代的未来。如同宇航员对地球的热爱一样，全球化也将我们的视野从本土扩展到世界。

全球化使我们更加互相依存。然而由于我们处于地球的不同位置，属于不同的民族和国家，我们对世界了解的视角也不同，因此，全球化对每个人的意义也是不同的。

什么是全球化？

让我们设想一个假定的场景：我们发现了一个以前从不知道的岛国，而且我们得让它融入我们的现代社会。为了让这个岛国的经济与世界经济相融合，经济学家们很可能会考虑，如何吸引更多的外国公司来开发这个岛屿，以便开发其丰富的自然资源和人力资源。为了吸引外资，他们很可能会引进先进技术来建设诸如机场、公路和通信网络等现代基础设施。社会学家和政治学家们则更支持在社会制度和政治制度方面的改造，从而使这个岛国能够采用民主制度，维持社会稳定，融入世界政治体系。而知识分

从神舟七号载人航天飞船上看地球——美丽的人类家园 ▼

子们更关心的是这个岛国独特的文化和传统，也就是说，当跨国公司通过他们的技术、产品和新思维所带来的文化和价值观与岛上的文化和价值观产生碰撞时，如何保护这个岛国的文化传统。

这个小岛将发生以下事情：在修建好必要的基础设施后，跨国公司将会建立工厂生产产品，然后再建立商店来销售商品和提供服务。为了开展这些业务，他们将雇用当地工人，引进他们的先进技术和管理制度。更进一步，他们可能会希望或要求当地社会通过商业和立法来规范和管理当地事务，为外来者提供方便。你认为岛上的居民对这些外界的力量和影响会有怎样的反应呢？

事实是：并不是所有的居民都会乐意接受他们生活的变化。一些人认为，跨国公司会挤跨当地厂商，最后破坏当地民族工业的发展；另外一些人的观点则大不相同，他们认为跨国公司会把健康的竞争带到岛上，促使当地经济更加完善，增强自身竞争力，从而使当地企业比外资企业更加强大。

持反对观点的人可能会批评说，当地的工人受外国企业的剥削，工资也不稳定；但是持支持观点的人则坚持认为，实际上，跨国公司的工人工资比当地公司要高，工作环境也更好。因为在当今世界，很多的跨国公司对他们所有的国外子公司都采用全球统一的劳工标准。

另外，批评者们还指出，新建的工厂破坏了当地的自然环境；但支持者们则声称，跨国公司会把其他国家保护环境的经验应用到岛上，根本不

▲ 反全球化的示威和骚动

▲ 全球化与古老文化是冲突还是并存？

▲ 反全球化的示威——"资本主义全球化毁灭地球"

▲ 反全球化的示威——"资本主义全球化建立在血汗之上"

会导致环境恶化。

批评者们同时谴责说，因为越来越多的当地人为外资公司服务，因而使当地文化和价值观受到冲击。全球化的支持者们则坚定地认为，新理念和新价值观的引进，事实上会丰富当地的文化，给当地文化增加新的元素，有利于当地新的、独特的文化的形成。从这个小岛国融入世界的例子，读者可以看出，在经济全球化方面的争论表现为全球化是促进经济发展，还是发达国家对小岛国的经济殖民化和剥削；在政治全球化方面的争论表现为全球化是民主的推广，还是强化富国势力的垄断地位；在文化全球化方面的争论表现为全球化是丰富当地的文化，还是取代当地的文化。

那么究竟谁对谁错呢？存在正确的立场或错误的立场吗？如果有的话，为什么这种立场是正确的而那种立场是错误的呢？而你又站在哪一个立场呢？我们所称的一体化或全球化，是否会导致人们产生怨恨或狂热呢？这取决于你在社会中所处的位置和生活的地方，取决于你是岛上的土著居民还是外来的开拓者。我们所设想的岛屿会选择哪条道路呢？全球化会给哪些人带来贫穷而又给哪些人带来繁荣呢？

很明显，很多的问题我们都没有唯一的答案，就如同很多人狂热地支持全球化，而另外一些人则对其口诛笔伐、坚决反对一样。自从1999年11月反全球化的示威和骚动在美国西雅图出现之后，又出现了几十次相似的抗议示威活动。反全球化活动已经遍及欧洲、北美、南美、亚洲和澳洲等地。

全球化的支持者们主张实现全球化，因为全球化会：

● 促进跨国公司之间的激烈竞争，使得跨国公司没有以前那么强大，同时提高当地公司的国际竞争力。

● 提醒当地政府充分认识到，落后的环境保护政策不利于当地的长远发展。

● 促使跨国公司提高所在地的工人工资，改善工作环境和加强环境保护，因为跨国公司害怕世界媒体对他们的负面报道，从而导致市场份额的流失。

● 改善人们的生活，全球化推进现代工业化的进程已经使全世界30亿人口脱贫。

● 提高妇女的地位。

● 缩小发达国家和发展中国家之间的工资差距。

● 总体上创造更多的工作机会，由国际分工减少的工作机会会大大少于国际分工所创造的工作机会。

● 增强对跨文化的理解，世界各地的人可以更容易通过接触国外的电影、电视节目和新闻，促进文化交流和相互理解。

另一方面，全球化的反对者们则认为全球化将产生很多负面影响，因为全球化会：

● 意味着大型外来公司的巨大胜利，他们有政治实力和经济实力把本地的小公司淘汰出局。

● 可以廉价地将污染严重的生产环节转入不发达国家而破坏当地的生态环境。

● 意味着劳工工资和环境保护标准的降低，因为贫穷国家为了给国民提供更多的就业机会会不顾代价地尽力吸引跨国公司进入。

● 扩大一个国家内部和国际间的贫富差距。

● 减少富裕国家或发达国家的就业机会，因为跨国公司都愿意把工厂建在工资较低的贫穷国家或欠发达国家。

● 意味着世界政治、经济和文化的西化趋势。

● 意味着政府一部分的权利将转移向一些非民主的跨国机构，如世贸组织、世界银行、国际货币基金组织、欧盟等。

全球化的矛盾困扰着我们，但是，我们必须辩证地看待全球化。全球化可带来全球性的经济危机、环境破坏和对健康的灾难；同时，全球化也会带来全球性的合作，如各国政府在经济政策上的相互支持，国际合作拯救环境和健康的努力。除此之外，我们也会看到各国对自己权利的维护以及跨国公司和非政府组织力量的强大。总而言之，我们已经意识到全球化既有利也有弊，必须辩证地对待。

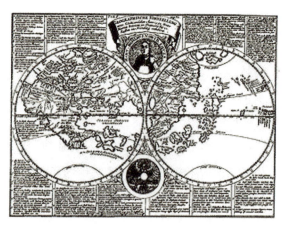

▲ 马丁·贝海姆(1459—1507年)，德国地理学家和
航海家，世界上第一个地球仪的制造者

全球化的历史

古代全球化　指从全球化的形成到16世纪末，这段时期主要牵涉到欧亚大陆和北非。古代全球化局限于旧世界，历史较长。它主要由不同国家的国王、女王和宗教所推动，如中世纪的伊斯兰教和基督教。贸易在海陆间进行，异国商品、香料和药材通过丝绸之路从东方运到西方，从中国和印度运到北非和欧洲，然后商人们便又交换回白银、黄金、纺织品和玻璃。对不同国家商品的需求在古代全球化时代构成了推动贸易增长的重要因素。C．A．贝利曾说过："尽管现代多元化的需求要求Levi's牛仔裤和运动鞋的型号一致，但是古代简单的日常生活则要求上层社会在物品、侍者、女人和动物等与众不同，并且要求上好的质量。"1492年发现新大陆后，全球化的形成经历了巨大的变化，被阿拉伯人所控制的陆路贸易体系开始被欧洲人控制的海上贸易所取代。

初始全球化　霍普金斯认为，全球化的第二阶段叫作初始全球化，始于1600年并一直持续到1850年。这个阶段的主要特点是西方的崛起和东方的衰落，贸易扩展到了新发现的美洲和澳大利亚，奴隶贸易也始于此时期。紧随着工业革命在欧洲爆发，初始全球化经历了金融、服务和制造业的迅猛发展。糖、茶叶、咖啡、烟草和鸦片取代了中国的丝绸，印度的香料、波斯的地毯和阿拉伯的马匹，成为主要的贸易品。海上贸易开始呈现出比陆路贸易更大的重要性，而陆路贸易在古代全球化时代居于主流地位。

现代全球化　全球化的第三个阶段，开始于19世纪

全球化进程中的重大历史事件

1420年，在郑和的带领下，中国的船队去了亚洲、欧洲和非洲。甚至一些人认为这支船队到达了北美、南美和澳大利亚。

1450年，《古腾堡圣经》作为第一部采用活字印刷的书诞生。书籍的大规模印刷开创了知识革命，这最终使得欧洲领先于亚洲。

1488年，巴尔罗缪·迪亚士环非洲航行。

1492年，哥伦布在寻找印度的过程中偶然发现了新大陆。

1494年，葡萄牙和西班牙签订了瓜分新世界的《托尔德西里亚斯条约》。

1500年，奴隶贸易成为国际贸易的主要组成部分。

1520年，巧克力被从墨西哥引进到西班牙。

1521年，荷南·考特斯杀害了阿兹特克统治者蒙特祖马并征服了墨西哥。

1522年，麦哲伦探险队完成了为期3年的环球

航行，这是第一次成功的环球航行。

1531年，世界第一个证券交易所的出现使得荷兰安特卫普成为一个贸易之都。

1532年，巴西被葡萄牙人殖民统治。

1555年，西班牙和葡萄牙商人把烟草引入欧洲。很快烟草贸易繁荣起来，奴隶贸易也开始繁荣。非洲奴隶被运到美洲的农场工作。

1561年，荷兰商人从近东引进郁金香到欧洲。

1637年，对郁金香的疯狂炒作导致了历史上第一次股市大崩盘。

1600年，土豆被从南美引进到欧洲，并很快在世界各地推广。

1600年，日本开始用银子购买国外商品。

1600年，英国女王伊丽莎白一世授权成立东印度公司，它最终统治了印度次大陆并控制着整个贸易，直到1857年公司倒闭。

1602年，荷兰成立自己的东印度公司，垄断了南亚的咖啡和香料贸易，最后印尼成了它的

中叶并一直持续到20世纪中叶。尽管对这个阶段确切的开始时间和结束时间还存在着争议，如霍普金斯认为现代全球化始于1850年结束于1950年，但有些学者认为现代全球化到1970年才结束。这个阶段的显著特征就是交通能力和通信能力的巨大提升、全球贸易量的急剧增长和人口在各洲间的迁移史无前例的增长（主要是从欧洲迁往美洲），并在伦敦出现了全球资本市场。欧洲的强大力量，在这个时期极大地推动了西方与非西方世界之间的联系。这个阶段的另一个特征，就是两次世界大战高度阻碍了全球化的进程，有些人甚至开始提出"全球化被降级"的观点，尤其是在两次世界大战期间，全球化所遇到的暂时挫折甚至被中断，详细内容将会在本章的后面部分讨论。

后殖民全球化 全球化的第四个阶段开始于20世纪50年代并一直持续至今，这被霍普金斯和他的同事们称为"后殖民全球化"。这个阶段的特征是：作为权力代言人的超国界组织的出现和区域一体化的加速趋势。发达经济实体间的联系加强，特别是美国、欧洲和日本形成了三足鼎立的局面。跨国公司成为全球化的主要推动力。通信技术的进步拉近了世界的距离，淡化了地理边界，并产生了"地球村"的概念。这个阶段全球化的主要特征是彼此更加相互依赖。

为了研究全球化，历史学家俄克科斯采取了另外一种划分方法。俄克科斯的研究集中在后两个时期（现代全球化和后殖民全球化），他把过去150年的全球化比作一个摇动的钟摆，并将其分成3个显著的阶段：

持续发展的全球化阶段：从19世纪中叶，英国单方面采用自由贸易政策开始一直持续到第一次世界大

战爆发。

反全球化阶段：这个阶段的主要事件有民族主义的兴起，两次世界大战对世界市场的反融合，反殖民化，国家独立，许多新兴国家掀起工业化浪潮，最后是两种不同意识形态、两种不同政治制度和经济制度之间长时间的冷战。

全球化恢复发展阶段：主要标志是不懈地减少管制，实行私有化，冷战的结束，本国市场的对外开放，世界范围内自由市场经济制度的盛行。

当今全球化与以往全球化的不同点

当今的全球化与以往历史上的全球化相比有许多的不同之处，既表现在内容上也表现在参与者上。

在内容上，从覆盖全球的互联网、卫星、电视、电话到超声速飞机的环球旅行，从全球性的生产链、采购链的建立到遍及世界的销售网络，人类的视野和经历也由此发生了巨大的变化。由于旅游和异国工作的需要，每天都有规模庞大的人群在各国之间流动。与此同时，海量的电子邮件和手机短信将我们的视野推向全球，同时使我们更贴近。当地的危机、疾病、灾难与当地的快乐一样通过飞机和电信网络传向世界。地球村、全球文化的萌芽也由此产生。

在国际贸易和国际投资方面也产生了本质的变化。国际贸易从各国公司之间的贸易转向跨国公司内部子公司之间的国际贸易。跨国公司的当地生产与销售大于国家与国家之间的进出口。海陆贸易走向网络贸易。世界上的经济活动变成你中有我，我中有你，发达国家与发展中国家的经济组合和区域组合。全球资本市场的形成使自由资本主

殖民地。

1607年，英国殖民地詹姆斯城在今天美国的弗吉尼亚建立。

1609年，荷兰开始在曼哈顿开展皮毛贸易。

1654年，西班牙和德国开创了土地世袭的概念，后来又允许单个家庭财富最大化和开拓私人商业帝国。

1719年，法国把他们在亚洲的贸易并入一家公司：法国东印度公司。最后，法国统治了印度支那和非洲的大部分地区。

1750年，工业革命开始于英国，1780年，蒸汽机的发明为其提供了动力。

1760年，中国开始严格限制海外贸易并持续了将近一个世纪。

1769年，库克船长发现了澳大利亚。

1776年，美国《独立宣言》宣布他们自己决定自己的命运。

1776年，亚当·斯密提倡自由贸易，他的《国富论》成为现代资本主义的基石。

义走向跨国公司资本主义时代。没有国界的跨国经营为地球村的形成打下了经济基础。

在全球化的参与者方面，人们的角色也由此发生了很大的变化。海量的旅游者取代了当年马可波罗式的探险家；跨国公司的海外雇员取代了当年的帝国主义占领军；跨国的非政府人权和环境保护组织取代了当年的传教士；跨国公司本身取代了当年骑着马或骆驼的商人。

同时，全球化的进程在其广度和深度方面也与以往不同，其速度之快也往往超过了社会演变和人们对其适应的速度，从而让人们对它产生了恐惧感、失控感和危机感。

以上这一系列的变化，将影响人对自身的认同以及对个体、社会、国家和民族的认同。从而反过来影响人类以部落和民族为根基的政治制度、经济制度和社会制度。

全球化的原动力

全球化是人类本性的一种必然结果。为了生存的需要，人类不断地迁居，移民到其他大陆，以寻求更好的生存环境，并且发明各种工具和科学技术来应对不可驾驭的自然力量。人类是一种群体动物，对不同种族之间的互相了解、沟通和竞争有一种自然的愿望。人类还对未知世界充满好奇，这不仅包括希望了解地球，也包括希望了解月球乃至整个宇宙。这一切都是全球化的原动力。

全球化的推动力

什么因素导致了全球化？是否存在着推动全球化发展的因素呢？考虑到全球化在过去几十年里的快速发展，我们可以通过考察20世纪末加快全球化趋势的一些变化来寻求问题的答案。在所有对世界有重大影响的变化中，其中下面四个因素最显著：

科学技术　以前时常被偶然因素所中断的科技革命进程，现在已经以一种史无前例的速度在发展。互联网的出现和发展，是早期人类社会无法想象的。通信国际化的实现和其速度的大大提高，给全球化提供了新动力。而交通现代化的迅速发展，更使全球资源能够更快速地、低成本地在世界范围内分配。

贸易　在过去的几十年里，世界商品和服务贸易呈现出跳跃式的发展，这主要归功于通信和交通运输方面的技术水平的持续提高和贸易壁垒的解除。虽然各国在以前通过对进口货物苛以重税或是别的方式来限制进口，但是各国之间签订的贸易协议已经普遍降低了贸易壁垒，这也推动了全球化的进一步发展。

资本流动　进口和出口只是国际贸易的一个方面。另外一种与国际贸易活动相联系的行为是国际投资。资本市场的自由化导致了跨国资本流动的急剧增加。为了寻求高额利润回报，投资者们购买国外的股票和债券（即证券投资）或是在海外投资实业。外国直接投资是很多国家经济发展的重要来源。外国直接投资主要是国外公司为了在东道主国家取得对企业的管理控制权，而投资在制造行业、商业行业（营销或零售）和其他各类行业。

人口流动　和资本一样，劳动力是另外一个主要的生产要素。在发达国家中，因为人口出生率低，而老人们的寿命却在延长，结果是人口增长缓慢或是零增长，但是国民的平均年龄却在上升。相反，发展中国家的人口增长却非常迅速，就业机会非常少。这种人口结构的不平衡为从发展中国家向发达国家合法或是非法移民创造了条件。同时，跨国公司的跨国经营和全球雇员的配置与流动近年来

1789年，法国革命开始，提倡博爱、自由和平等的思想。它改变了欧洲的权力结构，制定了宪法来保护个人权利和自由。

1814年，乔治·斯蒂芬在英国发明了蒸汽机车，带来了1825年火车的诞生，第一辆火车搭载450名乘客以15英里（1英里=1.609344千米，下同）的时速行驶。

1821年，英国首先开始引进黄金标准来衡量货币价值。为方便贸易，美国在1873年也开始采取相同政策。

1842年鸦片战争后，通过《南京条约》香港被割让给英国。后香港成为亚洲的金融和贸易中心。1997年香港回归中国。

1849年，马克思和恩格斯发表《共产党宣言》，它成为20世纪社会主义运动的基础。

1850年，第一届世界博览会在伦敦举行。

1914年，连接大西洋和太平洋的巴拿马运河竣工，使得贸易更加迅速简单。

也增长很快。但是，人口的流动并不局限于经济移民，战争和其他的冲突、歉收和饥荒、洪灾等所产生的移民，都有可能促使人们到邻国去寻求一种相对的安全。人们也可能出于各种原因到国外短时间逗留，例如，旅游、留学、开拓新业务、参加培训项目等。所有的这些构成了全球化的第四个推动力。

这四个推动力可以看做是全球化的动力。科技进步、贸易扩大、资本流动和人口流动越迅速，全球化的发展也就越快。同时，全球化也在影响着这四个推动力。全球化的发展使新思想在各国之间共享，从而产生了更多的科技革命成果；全球化创造了更多的机会，促进了贸易扩大；最后，随着各种生产要素在世界市场的自由流动和配置，资本和人口的流动也更加频繁。全球化产生了一个时空距离不断缩小而视野信息不断膨胀的世界。

为了更好地理解全球化，我们必须理解其前进的推动力，相应的，全球化也会促进每一种推动力的发展。所以，每一种推动力都会用一整章来探讨。科学技术将在第二章探讨，贸易在第三章探讨，资本流动在第四章，跨国公司和人力资本流动在第五章中讨论。

1914年，弗朗西斯·费迪南大公的被刺引发了第一次世界大战。战争持续了4年，土耳其、奥地利和德国对抗英国、法国、俄国和其他欧洲主要强国。美国于1916年参战支持英国和它的盟国。

1917年，列宁和托洛斯基领导了俄国革命，建立了第一个社会主义国家。

1919年，第一次跨大西洋直航成功，为货物在全世界快捷的运输铺平了道路。

1920年，国际联盟成立，这为国际合作树立了榜样，但是美国并不决定参加此组织。

1929年，随着美国股市的崩盘，大萧条开始。

1939年，德国侵略波兰，第二次世界大战开始。

1944年，布雷顿森林会议为44国间的合作奠定了基础，国际货币基金组织的创建有利于稳定汇率，世界银行帮助重建战后的欧洲。

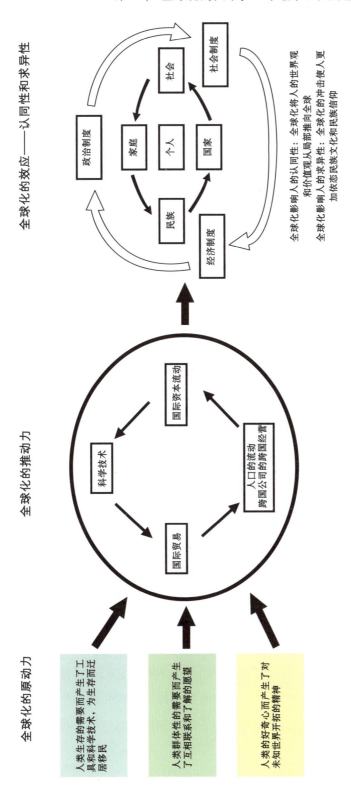

图1.1 全球化进程的原动力、推动力和对个人、社会影响的模式图

全球化与发展中国家的崛起

　　近代史上的全球化始于英国19世纪中叶的工业化。第二次世界大战之后，美国取代了英国成为资本主义社会全球化的超级大国，50多年后的今天，这个美国独霸世界的局面正在被打破。中国、印度、俄罗斯、巴西"金砖四国"的崛起正在改变全球化的进程，并把全球化推向一个崭新的阶段。以往的全球化是指先进的科学技术、管理理念、商品、资本和人才从发达国家流向发展中国家，现在，这种单向流动的局面首先渐渐被双向流动所改变。

　　"9·11"之后，美国对伊拉克和阿富汗的战争以及对世界其他地区的过度扩张，使其军费开支越来越多，国力大大减弱，入不敷出。国内以消费为主的资本主义经济模式使得经济发展无法满足国民对更高消费的需求。房子越住越大，汽车越开越高级，钱也越借越多。多年的贸易赤字和极度的超前消费导致了前所未有的金融危机。自阿富汗和伊拉克战争以来，美国更不得不依赖从中国和亚洲一些发展中国家借钱渡过难关。资本的反向流动正在标志着这个新的全球化阶段的到来。

　　以往跨国公司多源于发达国家，而中国的联想收购美国IBM的个人电脑，印度TaTa公司收购美国福特的子公司Jaguar和 Landrover， 到巴西的InBev公司收购美国的啤酒公司Anhenser-Busch，都标志着发展中国家的跨国公司正在诞生和成长，并走向世界。发展中国家的跨国公司与发达国家的公司十分不同，它们更了解低收入的消费者的需要，同时更懂得如何在能源短缺和生态环境严格制约的条件下竞争和生存，如何争取世界上超过半数的消费者市场，如何摆脱高能源、高消耗的生产经营模式。

在意识形态方面，以往的全球化是以西方式民主和资本主义的单一全球化模式来进行的，这将被多元化模式所取代，如美式、欧式和亚洲式的经济民主制度的共容并存和互相渗透，也标志着这个新全球化阶段的到来。

以往的全球性机构，如世界银行、世贸组织、国际货币基金组织是以少数发达国家为中心在第二次世界大战后建立的。近年的实践证明，全球化的贸易规则和金融体制越来越不适应全球大多数国家的利益，例如，以美元为主的世界金融体系，在欧元诞生8年后并未改变和体现世界经济格局的巨大变化。以"金砖四国"为代表的新兴市场国家，从国际市场和全球经济生产消费份额的增长上，已证明了这种体系的不合理性。从发展中国家这次为美次贷危机买单的情况来看，全球的金融合作监管机制已提上日程。而一个代表全球大多数国家特别是发展中国家利益的政治性和经济性全球机制也将会随着新兴市场的崛起而进入新的全球化阶段。

在普世的民主和人权理念下，每个国家都需要考虑如何根据其自身的历史和文化来自由选择、创建更适合其民族大多数人民经济利益和政治利益的发展模式，建立符合当地文化和历史的市场和民主规则的制度。这一需求和结果将把全球化推入一个多元化和多极化的新阶段。与此同时，在21世纪，我们将会面临越来越多的全球性挑战，如环境问题、能源问题、水源问题、生态平衡和多样化问题、核武器的扩散问题等，这些全球性挑战将把各个国家作为地球成员的利益紧紧地联系在一起。

中国作为世界上人口最多，历史悠久，社会主义市场经济运行较为成功的国家，在当今世界占有举足轻重的地位。在全球化的相互依存体系下，中国在全球生产和消

1945年，世界首颗原子弹试爆成功；第二次世界大战结束；联合国创建，当时有50个成员国。

1947年，23个国家共同签署关税与贸易总协定（GATT）用以降低世界关税。

1947年，英国把印度分为印度和巴基斯坦两国并撤离了印度次大陆。巴基斯坦的东部在1971年成了孟加拉国。

1949年，中华人民共和国成立。

1957年，欧洲经济共同体即欧盟的前身由比利时、法国、联邦德国、意大利、卢森堡和荷兰创建。

1964年，国际通信卫星组织成立。

1973年，第四次阿以战争导致阿拉伯国家石油禁运到工业国家。

1987年，ISO签发了ISO9000国际质量标准认证。

1989年，柏林墙的拆除标志着冷战结束，东欧对自由思想和贸易实行开放。

1991年，苏联解体，主要的社会主义国家都开始实行自由市场经济。

1992年，12个欧洲共同体的成员组建欧盟。到2005年，成员国增加到25个，12个国家使用一种货币：欧元。

1993年，加拿大、墨西哥和美国签署了北美自由贸易协定。

1995年，世界贸易组织承袭关贸总协定建立。

1999年，西雅图WTO会议在工会和环保组织的反对中以混乱结束。

2000年，新千年的号角吹响，千年虫的威胁并不严重。

2001年，恐怖分子袭击了美国世贸中心和五角大楼。很快美国便侵入阿富汗开始反恐战争。

费链中的比重正在日益增长；在可持续发展和地球的生态平衡方面，中国对地球资源的巨大需求与使用已不仅仅是中国自己的问题；在维护世界和平和与各大文明的对话方面，中国是世界上少数的几个与世界上两大宗教——基督教和伊斯兰教国家同时保持良好的外交关系，也与资本主义国家和社会主义国家同时保持良好关系的国家。全球化扩大了中国在世界上的影响，同时带来了为全球负责的历史重任。在这个大前提下，中国的内部发展也面临着极大的挑战。就科学技术而言，中国不可能再沿用发达国家曾经使用过的高能源、高消费的发展模式。中国人口老龄化、人口多、收入低、多层次的劳动力和消费结构使得许多源于西方的发明和产品不适合中国的国情，如从耗汽油的小汽车到为解放西方妇女而发明的许多一次性餐具等消费方式为中国的生态带来了极大的挑战。这种挑战，为中国发明适合第三世界国家的科学技术创造了一个很好的先决条件和机遇。在政治和经济方面，中国的制度、社会和文化生活不断与世界各类制度、社会和文化生活互动。一方面影响世界，一方面受到外来的影响和监督，甚至批判。总之，全球化正在使世界上的各类"岛国"消失。这种选择不在于一个国家或地区是否加入，而是如何参与全球化，如何使这个加入的过程为本地的大多数老百姓带来真正的实惠，使人民的生活水平不断提高，身心愉快充实，并带来更多的选择自由。

全球化下的中国

中国融入世界经济的过程，不只是一个国家生产力发展和经济增长的过程，同时也是人民不断走向富强和自由的过程。西方社会和各国的发展经验证明，一个社会的发展不仅仅要以经济增长为指标，更重要的是以以人为本的可持续的发展来衡量。单一追求GDP的增长，无论是以消耗能源为代价，还是以消耗自然资源为代价，或是以加大社会的不平等为代价，往往都是不可持续的和失败的发展。只有经济的发展与人民生活和生态的平衡发展才有可能使一个国家的发展进步进入正循环。以下是选自近年来联合国《人类发展报告》中中国和世界上一些主要国家近来的发展指标，以为中国将来的发展提供参考和指南。由于统计误差和指数的选择，下面6个表仅供参考。

在你读下面这6个表中的数字时请你考虑一下：什么是衡量一个国家发展的标准？一个国家的发展是否给人民真正地带来了实惠？例如，经济的增长是否扩大了全民的就业机会？经济的增长是否使广大老百姓都受益了？经济的增长是否改善或提高了人民当家作主的权利？经济的增长是否建立、维护并延续了这个国家和民族的文化传统？经济的增长是否考虑了今后子孙后代的未来发展？

2002年，WTO多哈谈判在卡特尔的多哈举行。
2003年，美国入侵伊拉克；SRAS流行病爆发。
2008年，美次贷危机引发世界性金融危机。

表1.1　人类发展指数（2010年169个国家的统计）

各国人类发展指数(HDI)排名	国家	人类发展指数（HDI）值	预期寿命（年）	平均受教育年限（年）	人均国民总收入（GNI）（以美元购买力2008年平价计）
4	美国	0.902	79.6	15.7	47 094
10	德国	0.885	80.2	15.6	35 308
11	日本	0.884	83.2	15.1	34 692
14	法国	0.872	81.2	16.1	34 341
26	英国	0.849	79.8	15.9	35 087
65	俄国	0.719	67.2	14.1	15 258
73	巴西	0.699	72.9	13.8	10 607
89	中国	0.663	73.5	11.4	7 258
119	印度	0.519	64.4	10.3	3 337

数据来源：联合国《2010年人类发展报告》

表1.3 收入不平等性（基尼系数）

人类发展指数排名	国家	基尼系数
4	美国	40.8
10	德国	28.3
11	日本	24.9
14	法国	32.7
26	英国	36
65	俄国	43.7
73	巴西	55
89	中国	41.5
119	印度	36.8

数据来源：联合国《2010年人类发展报告》

表1.2 人类发展指数趋势

人类发展指数排名	国家	1980	1990	1995	2000	2005	2009	2010	人类发展指数排名改变 2005-2010
4	美国	0.810	0.857	0.873	0.893	0.895	0.899	0.902	0
10	德国	—	0.782	0.820	—	0.878	0.883	0.885	-1
11	日本	0.768	0.814	0.837	0.855	0.873	0.881	0.884	+1
14	法国	0.771	0.760	0.807	0.834	0.856	0.869	0.872	+5
26	英国	0.737	0.770	0.824	0.823	0.845	0.847	0.849	-4
65	俄国	—	0.692	0.644	0.662	0.693	0.714	0.719	+3
73	巴西	—	—	—	0.649	0.678	0.693	0.699	0
89	中国	0.368	0.460	0.518	0.567	0.616	0.655	0.663	+8
119	印度	0.320	0.389	0.415	0.440	0.482	0.512	0.519	+1

数据来源：联合国《2010年人类发展报告》

表1.4 政府公共支出表现的政策导向

各国人类发展指数排名	国家	公共医疗支出费用（占GDP的百分比）2004年	公共教育支出费用（占GDP的百分比）		军费支出费用（占GDP的百分比）		人均医疗费用（以美元购买力计）
			1991年	2002~2005年	1990年	2005年	
8	日本	6.3	—	3.6	0.9	1	2 293
10	法国	8.2	5.5	5.9	3.4	2.5	3 040
12	美国	6.9	5.1	5.9	5.3	4.1	6 096
16	英国	7	4.8	5.4	3.9	2.7	2 560
22	德国	8.2	—	4.6	2.8	1.4	3 171
67	俄国	3.7	3.6	3.6	12.3	4.1	583
70	巴西	4.8	—	4.4	2.4	1.6	1 520
81	中国	1.8	2.2	1.9	2.7	2	277
128	印度	0.9	3.7	3.8	3.2	2.8	91

数据来源：联合国《2008年人类发展报告》

表1.5 能源和环境

各国人类发展指数排名	国家	人均电消费量		电使用率	无供电地区人口数	GDP单位能量消耗		森林面积			
		千瓦时 2004年	变化率（%）1990~2004年	（%）2000~2005年①	（百万）2005年	每千克石油或其等价产生的价值（以2000年美元购买力计）2004年	变化率（%）1990~2004年	占整个陆地面积的百分比（%）2005年	总量（千平方千米）2005	总量（千平方千米）1990~2005	平均每年变化率（%）1990~2005
8	日本	8 459	21.8	100	—	6.4	-1.4	68.2	248.7	-0.8	—
10	法国	8 231①	24.62②	100	—	5.9	8	28.3	155.5	10.2	0.5
12	美国	14 240	11.9	100	—	4.6	25.3	33.1	3 030.90	44.4	0.1
16	英国	6 756	15.9	100	—	7.3	22.2	11.8	28.5	2.3	0.6
22	德国	7 442	10.4	100	—	6.2	31.6	31.7	110.8	3.4	0.2
67	俄国	6 425	—	—	—	2	28.3	47.9	8 087.90	-1.6	0
70	巴西	2 340	39.5	97	6.5	6.8	-6.7	57.2	4 777.00	-423.3	-0.5
81	中国	1 684	212.4	99	8.5	4.4	108.6	21.2	1 972.90	401.5	1.7
128	印度	618	77.6	56	487.2	5.5	37.1	22.8	677	37.6	0.4

数据来源：联合国《2008年人类发展报告》
注：① 采用时间段内最近几年的数据，如接近2005年。
② 采用时间段前几年的数据，如1990年后。

表1.6 二氧化碳排放和森林生物碳储存量

各国人类发展指数排名	国家	总量（100万吨二氧化碳）		年变化率（%）	占世界总量的百分比（%）		人均二氧化碳（吨）		能源使用效率指标：以每吨相当于1 000吨油的能量消耗所释放的二氧化碳释放量（千吨）来计		每一单位GDP二氧化碳释放量的增长，以每百万美元（2000年美元）直接购买力所产生的千吨二氧化碳释放量来计		森林生物二氧化碳释放量（百万吨/年）	森林生物碳储存量（百万吨碳）
		1990年	2004年	1990~2004年	1990年	2004年	1990年	2004年	1990年	2004年	1990年	2004年	1990~2005年	2005年
8	日本	1 070.70	1 257.20	1.2	4.7	4.3	8.7	9.9	2.4	2.36	0.37	0.36	−118.5	1 892.00
10	法国	363.8	373.5	0.2	1.6	1.3	6.4	6	1.6	1.36	0.29	0.23	−44.2	1 165.00
12	美国	4 818.30	6 045.80	1.8	21.2	20.9	19.3	20.6	2.5	2.6	0.68	0.56	−499.5	18 964.00
16	英国	579.4	586.9	0.1	2.6	2	10	9.8	2.73	2.51	0.47	0.34	−4.2	112
22	德国	980.4①	808.3	−1.3	4.3①	2.8	12.3①	9.8	2.75②	2.32	0.58②	0.38	−74.9	1 303.00
67	俄国	1 984.1①	1 524.10	−1.9	8.8	5.3	13.4	10.6	2.56	2.38	1.61②	1.17	71.8	32 210.00
70	巴西	209.5	331.6	4.2	0.9	1.1	1.4	1.8	1.56	1.62	0.22	0.24	1 111.40	49 335.00
81	中国	2 388.90	5 007.10	7.8	10.6	17.3	2.1	3.8	2.77	3.11	1.3	0.7	−334.9	6 096.00
128	印度	681.7	1 342.10	6.9	3	4.6	0.8	1.2	1.89	2.34	0.48	0.44	−40.8	2 343.00

（注：总量以下至每一单位GDP各栏属"二氧化碳释放"大类。）

数据来源：联合国《2008年人类发展报告》

注：①数据采用1990年民主德国和联邦德国二氧化碳释放量的总和。
②因无1990年数据，采用1991~1992年间最接近1999年的数据。

第二章
全球化与科技发展：李约瑟博士的疑惑

引 言

　　无可争议，我们正处于一个大变革的时期，正是科学技术的力量发动了这场变革，让地球产生了翻天覆地的、飞速的和剧烈的并且不可预测的变化。1605年，印度帝王阿克巴离世，他的臣民两年多以后才得知他的死讯。260年后，当林肯总统被刺杀时，其他大陆的人们几周之后，有些地区甚至好几个月之后，才知道他与世长辞的消息。又过了100年，当约翰·肯尼迪总统遭枪击时，不到5分钟，全世界人民通过广播就收听到了关于美国总统遇刺的噩耗。40年过后的2003年，当美国军队入侵伊拉克时，通过战地记者发送的信息，全球人民可以借助有线电视观看到美伊战争的实时战况。2008 年的北京奥运会，创造了"同一个世界，同一个梦想"的壮观景象。就在十几年以前又有谁能够想象，互联网可以并正在以飞快的速度消除着人类之间不同时间、不同空间、不同语言和文化的隔阂；又有谁能够精确地预测未来的情景呢？

　　科学技术的快速发展正在淘汰旧事物，对世间万物都可以产生触手可及的影响，并且影响着我们生活的方方面面，例如，影响着一个人从孕育和出生、抚养、教育、工作、退休最终到死亡的全过程。科学技术是一个引擎，它带动着人类社会的全面发展。它影响着农业、工业、金融业、建设、通信、传输、教育、娱乐、政府财政、健康保健、生产制造、市场销售、军事战争、天气预报以及人们可以想象的其他方面。科学技术的发展也正在影响着我们与世界上其他国家、我们与社会和自然界的关系。

全球化促进科学技术的传播，这种传播有利于帮助发展中国家与发达国家之间的竞争，并缩短它们之间的差距。全球的相互联系使最新技术在不同国家间可以瞬间获得，促进发展中国家的经济获得更快的发展，一个不可争议的事实是，科学技术的进步推动了全球化进程的发展。中国是世界历史上最古老的文明古国之一。我们应该如何利用这个全球化时代赋予我们的机遇呢？

美国棉花种植业的故事——从农业到工业的转变看李约瑟博士的疑惑

长期致力于科技史研究的李约瑟博士注意到，在人类发展的漫长历史中，中国的科技水平曾经以它的魅力和强大，领先了西方世界1 000余年，然而在17世纪，却被欧洲所超过。这就产生了一个问题：为什么中国会在全面领先的情况下被超越并错过了整个工业革命？为什么西方世界会在长达1 000年黑暗中世纪的一片废墟上迅速而有效地建立起培育现代科技的摇篮？

让我们借鉴一下美国农业发展的例子。1820年左右，美国在棉花产业上快速超过了当时领先的中国和印度，200年以来一直在生产水平、每亩产值和出口上居世界首位。学过和了解国际产业周期理论的人都知道，没有一个国家能够永远垄断并在某一个产业和产品上保持世界的领先地位。从美国的汽车、德国的化工产品到日本的电器都经历了从朝阳产业到夕阳产业、从源发地到进口国的过程。但美国的棉花产业似乎是个例外，200多年以来一直保持着世界霸主的地位。也许有人会把美国在棉花产业上的成功归结于它独特的地理和自然条件。然而很少有人知道，美国成功的棉花产业不是发生在土地肥沃和气候条件适宜的传统产棉区——美国密西西比河流域，而是发生在天气炎热、气候多变的美国南部得克萨斯州。棉花种植业是一种劳动力密集、产品单一、入门门槛很

▲ 李约瑟博士
(Joseph Needharm)

低的高自然和高市场风险的产业，而美国劳动力的价格又高居世界之首，为什么200多年以来美国的棉花产业能保持世界领先的霸主地位？

1791年，美国的棉花产量只有200万磅（1磅=0.4536千克，下同），而当时的印度产量为4亿磅。60年后的1850年，美国的产量增加到1万亿磅，垄断了英国的棉花进口市场，居世界首位。棉花种植季节性很强，特别是在收获季节，在短短几天的时间里就需要把600英亩（1英亩≈4 046平方米，下同）的棉花采集完毕，否则遇到风雨、冰雹等天灾，棉花就会烂在地里，使一年的劳动付之东流。当时每个工人一天只能采集300磅的棉花，农场主到哪里去找那么多的工人，而又有哪个工人愿意接受这种只有几天收入的工作呢？为了解决这个问题，种植棉花的农场主开始从非洲大量购买奴隶。这虽然解决了收获棉花时的季节性劳动力需求问题，但将棉花与棉籽分开的工作就更费力。每个工人一天只能分1磅棉花。1793年，美国耶鲁大学毕业的

19世纪美国的人工棉花种植业

工程师依拉·惠特尼发明了轧棉机。 依拉·惠特尼是一位动手能力很强的锡匠和发明家。从耶鲁大学毕业之后，依拉·惠特尼想去南方当一名家庭教师，以支付他旅游的费用和实现自己的创业梦想。在南方，他了解到棉籽和棉纤维分离的难题和商机，同时，他遇到了一位风险投资家，在这位投资家的劝说下，他决定试试能否解决这个难题。如果他的轧棉机研制成功，就可以和投资家分享利润；如果失败，他失去的只是一些时间。最终，他发明了轧棉机，并引发了棉花产业上的一场革命。

现代得克萨斯州棉花种植业的成功还伴随着其他一系列的科技革命，由于美国密西西比河流域传统的棉花农场主不愿接受新的生产方式，这就给一部分有创业精神的新时代棉花企业家创造了一个新的机遇，他们来到得克萨斯州的不毛之地开始实现自己的理想和淘金梦。得克萨斯州是一个风沙大、气候炎热（夏天气温高达40℃）和多变的石油产地。以前在美国的传统棉花产地，一个农场主只能经营600英亩的土地，还要借助大量奴隶或移民的帮助，而现在得克萨斯州的农场主大多数是老人，例如，80多岁的一对

▲ 依拉·惠特尼 (Eli Whitey)

老夫妇可以经营4 000多英亩的土地。美国的农场主大都受过良好的教育。他们的经营高度机械化，装有GPS导向和复杂无线导航与控制系统的拖拉机，可以拖挂播种机、撒肥机、撒除草剂机、收获机等，使驾驶员操作省力，不疲劳，而且还省油。尤其对坡度曲线的操作精度可控制在1英寸（1英寸=2.54厘米）之内，每天可以经营62英亩土地。计算机控制的灌溉系统，利用人工降雨、防风沙、降温、防冰雹技术，降服了得克萨斯州可怕的天气。个体种植但集体化经营的现代农业"合作化"模式把个体农场主和与各类棉花产品加工有关的政府部门、大学、公司等连接成一个有机体。农场主入股经营与棉花生产相关的企业，从轧棉（与棉籽分离）和轧棉籽油的生产，到用棉花下脚料生产牛和鱼饲料的加工厂和纺纱厂。得克萨斯州的农工大学不断提供适用于当地情况的一系列科学技术，从优良品种的培育、杀虫剂的合成到种植研发等。美国农业部则提供资金、技术和商务协助，美国政府为这只有25 000名棉农的群体提供各种补贴和市场保护，使其产品能与世界上70多个国家的棉农竞争。这个棉农"合作社"通过电子棉花交易所与世界棉纺厂联系在一起。每个棉农将自己的棉花交给交易所负责买卖，每月就可以收到一张支票，每户的棉花价格按全年的国际市场平均价格计算，从而避免了自家的恶性竞争。得克萨斯州产的棉花纤维短，拉力小，但由于其高效和透明的经营，使其在世界上一直很有竞争力。更重要的是，这些棉农有政府的补贴优势，例如，世界市场上卖50美分1磅的棉花，由于政府的补贴，美国农民可以获得75美分1磅的售价，相比之下，非洲农民由于政府的税收只能获得25美分1磅的售价。仅2000

年，美国给这25 000名棉农的补贴就高达40亿美元，大大超过世界上最贫穷产棉国GNP的总和。

由此可看出，位于美国南部的得克萨斯州是美国棉花生产的"硅谷"，这里的每个农民的受教育程度都不低，他们的创业精神和创造精神驱使他们注重从棉花的每个生产环节来提取和创造价值。例如，用棉花的秆和茎来生产牛和鱼的高蛋白饲料，用棉籽油做牙膏、肥皂、洗衣剂和土豆片以及冰淇淋的添加剂，用棉花做牛

▲ 20世纪的美国机械化棉花种植业

仔裤的粗斜纹布等。更重要的是，美国农民们知道组织起来的力量，知道要避免相互的恶性竞争，建立合作社和入股企业，合资共享和拥有轧棉机、纺纱厂和炸油厂；知道如何参政和掌握集体向政府游说的技巧，从而在不同的历史时期建立雇农的非工薪制和季节性的外国移民农工制，以保证棉花产业对劳动力的季节性需求和工资的波动；知道科学技术的力量；知道对机械化的必要投资和与当地大学联合起来不断提高种子和肥料的质量，通过人工干预应对干旱、冰雹、风暴等自然灾害和虫害；还知道了解如何转移国际棉花市场的价格风险和

寻求政府的贸易保护，从而获取长时间的补贴和必要的资本支持。简而言之，美国的农业革命也许与其地大物博有关，但这套正循环体系是与其提高农民的受教育程度、有效利用科学技术和其联合的竞争机制分不开的！这套正循环体系正是以科学技术为主导的美国工业革命的摇篮。

李约瑟的疑惑似乎在告诫我们：科学技术的进步必须与社会进步联系起来。同样，在要利用科技全球化机遇的今天，我们也要考虑是否需要有一套体制来配套。中国是一个农业大国，如何把劳动力从土地上解放出来，是中国工业化能否成功的关键。

科技全球化和社会机制的关系

人类的工业革命是从英国开始的。如第一章所述，近代史上的全球化起源于英国，但是不到100年的时间其地位就被美国所取代。在不到半个世纪的时间里，美国迅速地发展成为世界上的工业、商业、军事和政治大国。当然不可否认，美国有得天独厚的自然资源和地理位置以及第二次世界大战给美国带来的机遇。美国是世界上企业家和创业者的摇篮，孕育了世界工业史上成功的企业家和发明家，并且是世界上许多顶尖企业的发源地。安德鲁·卡耐基（Andrew Carnegie）是美国钢铁帝国的代名词，卡耐基出身于一个贫寒的亚麻布织工的家庭，从未接受过正规的教育。28岁致力于钢铁企业，成为美国的钢铁大王。亨利·福特出身于一个爱尔兰移民的农民家庭，虽然没有受过正规教育，但是15岁时就造了一台内燃机。福特开创了美国的汽车工业，但更重要的是，他开创了大规模生产和大规模消费的现代生产管理模式。他是第一个把工人不仅作为劳动者，同时也作为他产品消费者的先驱，为美式资本主义制度与工人共同富裕奠定了基础。比尔·盖茨出生于一个律师的家庭，但他的父亲老盖茨生长在西雅图郊区的工人区。比尔·盖茨的爷爷是当地一家小家具店的合伙人。比尔从小聪明，但从不循规蹈矩，吃交通罚单不说，哈佛也没有毕业，但是他不但创建了微软公司，而且为全球的计算机、网络、软件和全球化建立了不可磨灭的功勋。他以他的财富创办了世界上最大的慈善组织，为世界上的贫穷学生提供奖学金，为世界上的贫穷国家提供雄厚的医疗资助。

美国一般的中小学和大学本科教育并不高明，一般的大学毕业生，数学水平很难与中国和印度的学生相比，而英文写作能力也无法与印度学生相比。但是中国到目前为止，还不具备美国社会的创业精神、创业风险文化、创业资本的流动市场、知识产权的维护文化、法律、标准和制度。

一个国家的科技发展，一个国家能否利用全球化带来的这个巨大的知识市场和技术市场，一个国家能否利用科技发展为其大多数老百姓带来财富、健康以及自然环境上的实惠取决于一个国家的创业机制。约瑟夫·熊彼特是哈佛大学发展经济学的创造人。他早在1930年就认识到企业家文化与一个国家经济发展和科技进步的密切关系。中国的历史和实践也证明了这一点。我们中华民族有很多古老的发明，现在每天也正在产生新的发明和科学技术，但是如果我们缺乏一套机制，这些发明和技术就会永远停留在实验室里、大学校园里、家庭的祖传秘籍里，而不可能被商业化和企业化，被大规模复制，为社会和广大老百姓创造财富。李约瑟博士的疑惑不只是一个科技水平的问题，而且是一个如何把中国变成一个企业家创新、创意、创业摇篮的问题。

中国的长江和珠江三角洲是目前中国最有活力的外源型和内源型创业企业家的摇篮。例如浙江省诸暨市，越王勾践的故里，一个小地方就产生了无数私人企业家，15个块状经济。他们把科学技术用于半导体、环保、袜子的纤维材料和珍珠养殖上。江阴华西村是集体创业利用科学技术发展工业和农业的典范，这说明中国古老的文明和现代工业文明的结合将会创造出伟大的奇迹！

科技全球化和教育的关系

为什么美国在20世纪一跃成为世界经济强国？如前所述，是因为成千上万的美国平民，大多数是移民或是移民的后代，他们来到这个美洲新大陆，受到欧洲工业革命的影响，奋发图强，梦想在这里为他们的子孙后代开启一片新的天地和事业，这里是冒险家的乐园和企业家的摇篮。但从移民的梦想到实现之间的纽带和桥梁是什么？欧洲的工业革命是建立在蒸汽发动机的基础上的，资本市场的运作是建立在大西洋跨海电缆的基础上的。利用无形的电子、电流、磁场技术要比看得见摸得着的农业技术难以驾驭，所以，各国之间掌握现代科学技术和教育的竞争开始了。教育是一个国家成为科技创新强国的唯一桥梁。从图2.1第一届、第二届国际数学测试成绩和人均GDP（以购买力计）增长之间的关系中，读者可以看到学生的数学成绩和一个国家GDP增长之间的关系。

1870~1950年，平均每个美国人每10年受教育的时间提高了0.8年，也就是说，在1870年，平均每个美国成年人的受教育时间为8年，到1880年延长为8.8年，到1890年为

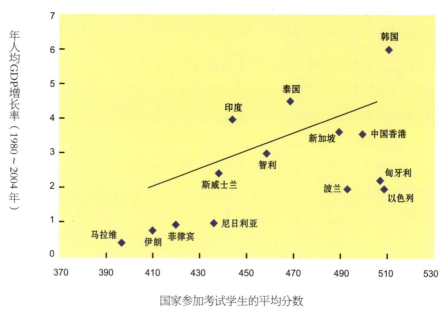

图2.1 第一届、第二届国际数学测试成绩和人均GDP（以购买力计）的增长关系

资料来源：国际教育成就评价协会（IEA）

9.6年，到1960年为14年。现代人类史上的工业革命，揭开了全球化的序幕，同时也带来了教育史上的革命。在西方世界，教育水平不断提高。根据美国哈佛大学高盯（Goldin）和高斯(Kafg)的研究报告，美国在教育普及上至少超过大部分欧洲国家35年。1950年，在欧洲大陆只有30%的青年人全时在中学学习，而美国则是高达70%。这为美国的工业起飞，在第二次世界大战后成为领先的世界强国，在生产率提高方面，在技术创新水平上，在人力资源的素质升级方面打下了坚实的基础。美国农业革命的成功是美国教育成功的最初受益者，而农业革命的成功为工业革命打下了坚实的基础。然而在1970年后，美国的教育发展速度不但开始变缓，而且面临其他国家的挑战（见图2.2美国培养的大学生人数落后于其他发达国家）。大家

知道，教育水平意味着一个国家的未来走向，教育使社会和谐发展，创造机会平等，使大多数人有机会走向富裕的道路。另外，在最大程度上发挥了一个国家的创新能力和科技水平。教育点亮了每个孩子，每位老人的心灵世界，使每个人的头脑变成产生思想火花、新创意和新技术的小工厂。现在世界上，工程师和科学家占全球人口的比例为1∶1 000，而全球化会使这个数字大大提高，当更多的人受到教育时，就会产生更多的新思想，我们这个世界就会更美好和富有！

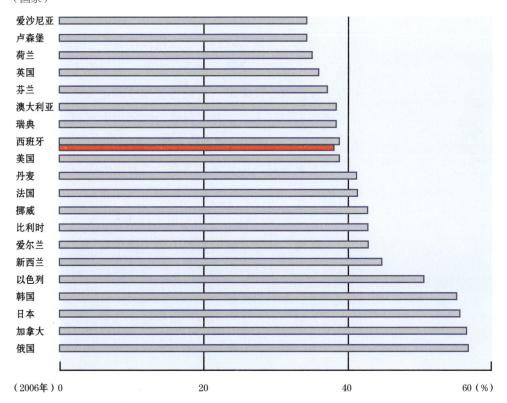

（国家）

（2006年）

具有大学文凭的人数占本国25~34岁成人的比例

图2.2　美国培养的大学生人数落后于其他发达国家

资料来源：经济合作与发展组织

改革开放30年对科学的发展和教育的投资为中国的起飞创造了很好的条件，并为今后的发展打下了坚实的基础（见图2.3中国崛起大事录）。中国的研发投资，中国培养博士生的人数和科研人员的总数增长迅猛，出版论文的数量也比其他西方国家发展得快（见图2.4中国科技兴国的实力准备）。我国在全球的竞争排名只用了一年的时间就超过了3个国家，从第34名上升到第30名（见表2.1）。

全球竞争排名表是以3组12项竞争力来衡量的。从12项竞争力的分析来看，我们目前的发展主要还是以提高基础竞争力为推动力的（见图2.5 12项竞争力）。暂时避开效率和创造力两项不谈，就基础竞争力一项而言，我们的潜力就还很大。就西部的开发、全国医疗卫生、基础教育和基础设施（公路、交通、桥梁、水利、通信等）以及在中国整个农村的普及来说，我们的发展空间还大有余地。在效率提高和创新方面，我们只能说刚刚提上日程。总而言之，过去的30年发展似乎很快，将来的30年也许会更快。

以上所述科技的发展和教育的关系已经很清楚了，但教育的内容和质量却是无法用数字可以衡量的。中国的科举制度和传统为2 000多年的封建制度注入了活力，在很大程度上避免了封建世袭的弊端，使封建朝廷可以从社会上招贤纳士。但是这种学而优则仕、重文轻理、知识与权力混为一体的体系也害人不浅。五四运动以后西学引入，经过几代人的努力，传统的陋习还是很难退出历史舞台。学而优则仕的理念，使学生和培养出来的知识分子对社会和现存事物缺乏批判的视角和独立、创新、冒险的精神。而改革开放又引进了消费拜金主义的价值观，驱使青年人寻求容易学的、赚钱快的专业（如金融学等）。基础自然科学招不到优秀学生，学生缺乏创业教育和冒险精神。在全

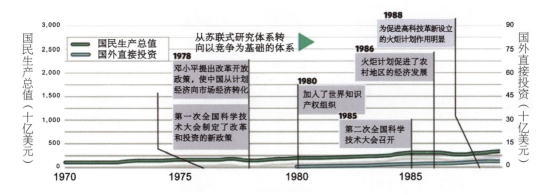

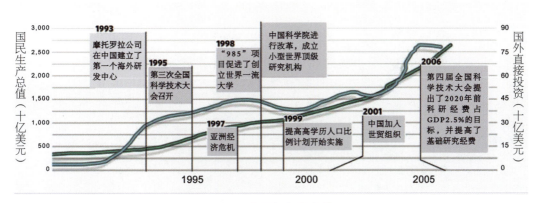

图2.3 中国崛起大事录

资料来源：《自然杂志》，2008年

中国研发投资   中国研究人员   各国出版论文数量

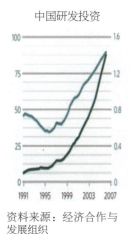

资料来源：经济合作与
发展组织

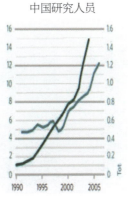

资料来源：经济合作与发展组
织，美国国家科学委员会科学
和技术指标（2008）

资料来源：科学技术研
究中心，莱顿大学

图2.4 中国科技兴国的实力准备

资料来源：《自然杂志》，2008年

表2.1 全球竞争指数排名

国家/经济体或地区	全球竞争指数 2007~2008年排名	全球竞争指数 2008~2009年排名	全球竞争指数 2008~2009年分数
美国	1	1	5.74
瑞士	2	2	5.61
丹麦	3	3	5.58
瑞典	4	4	5.53
新加坡	7	5	5.53
芬兰	6	6	5.50
德国	5	7	5.46
荷兰	10	8	5.41
日本	8	9	5.38
加拿大	13	10	5.37
中国香港	12	11	5.33
中国	34	30	4.70
印度	48	50	4.33
俄国	58	51	4.31
巴西	72	64	4.13

资料来源：2008年世界经济论坛

球化的今天，很多专业实用和培训式的教育淘汰率高，更新换代快。应用科学的周期只有几年的时间，学什么变得不很重要，但如何迅速应变掌握新的知识和技术将给大学的教育提出新的挑战。换句话说，我们应关注如何使我们的教育制度更具活力、创造性和适应性。

简言之，一个国家必须以教育治国来提高人力资本的素质，以创造有利于科学技术发展的基础条件。同时，也要创造一个开放和思想活跃的文化，并且扶植适合于中国国情的科学技术发展和创新的原发理念和文化，防止全面照搬和技术移植式的发展模式。

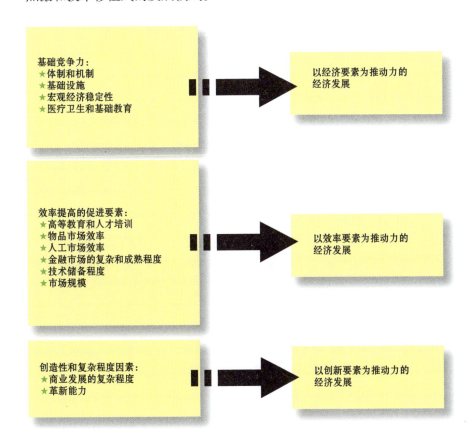

图2.5　12项竞争力

▲ 信息时代的巴布亚新几内亚高地居民

科技全球化与人类文明和地球自然生态环境的关系

　　正如本章开始所讲的美国棉花产业的例子，美国的很多科学技术是为了解决地多人少的矛盾。中国实现农业现代化，大量引进美国的农业机械化技术就不一定适合我国地少人多的情况。同样道理，高能源、高消耗、高消费的西方资本主义初期发展模式和技术也不一定适合中国和印度这样的人口大国。就拿瓶装水来说，如果中国和印度每人每天消耗两瓶水，那就是48亿瓶水，所用的能源和塑料瓶垃圾对地球自然生态来说就承受不了！所以，我们除了要着重关注科学技术全球化对人类发展促进作用的一面之外，还要关注科学技术的破坏作用以及科学技术发展的不可驾驭性。

　　科学技术是人类为了克服自身的局限性和应对自然界(即气候、地理距离、自然灾害、战争等)对人类生存的挑战而产生的。然而，当科学技术的发展速度超出了人类伦理、道德和社会的发展速度时，科学技术的发展则变得不可驾驭甚至可能会产生破坏作用。这里我们将讨论科学技术对人类社会发展正反两方面的影响。

科学技术变革引起社会变革。人类社会的经济发展可划分为三个时期：农业革命时期，从公元前8000年一直持续到18世纪中叶，经济活动的主体主要是农民和体力劳动者；制造业革命时期，从18世纪开始的工业革命时期开始持续到20世纪末期，工业革命背后的驱动力是机器和工厂里的工人；信息工业革命时期，起始于20世纪60年代并继续发展至今。信息革命则由信息技术和脑力劳动者推动。当前对信息革命有多种叫法，如数字经济、知识经济、新经济等。以科学技术推动的工业革命时期为例，先进农业工具的使用导致农村剩余劳动力向工厂转移。在18世纪，利用水力使织布生产机械化，不仅导致了许多手动织布工人的失业，而且极大地将人们从分散的和消闲的农村生活带进了集中和繁忙的都市化生活之中。在近代，例如在20世纪初期，汽车的大规模生产，导致了那些钉马掌铁匠、制作马车轮的工人、制车棚的木匠以及养马者的大量失业。汽车的大规模生产还意味着缓慢生活方式的结束和大规模污染环境的开始，意味着劳动力的频繁流动和对传统几世同堂大家庭生活方式的破坏。又以信息革命为例，因技术的进步导致了计算机的微型化，进而提高了便携性并加快了技术的传播。试想一下，你手机中的芯片性能越来越强，已经远远超过了曾占据两层楼的第一台IBM大型计算机。产品变得越来越轻便，性能越来越好，价格越来越低，使得在一些不富裕的国家，人们也可以消费得起。技术的传播越来越普遍，带来了更多不断改良和创新的机会，从而产生更大量的新技术以适应新的市场条件。从1908年第一辆燃烧汽油的福特T型车技术的诞生，到1973年石油危机以后1975年的巴西的大规模以甘蔗酒精为汽车燃料的技术创新就是很有说服力的一例。

全球化和技术的进步是相互促进的。例如，跨国公司以技术开拓新的市场进而获取更高利润，其结果是其他市场以较快的速度实现了全球化。为了更好地适应新的市场，跨国公司不得不在本国以外发展和研发新技术。同时，跨国公司的引入激发了东道国发展和研发新技术的积极性和可能性。另外，促进了各种类型的跨国、跨行业、跨学术领域等的技术合作。而这种合作又导致了科研团体的全球化。

技术的进步使生产、服务、金融、管理和市场营销的全球化成为可能。30年前，很多大的制造企业都是实行生产纵向一体化，并且实行自给自足的生产。例如，美国福特汽车公司曾拥有自己的铁矿石厂，可以生产自己的钢材，并且制造自己汽车上的所有零部件。而今天则完全不同，福特公司已经将它很多的零部件生产外包给世界各地其他的汽车制造商。而福特公司只负责设计汽车，并且负责把从海外获得的零部件组装起来。由于其知名的品牌、历史悠久的销售和供应链网络，它可以在世界范围内有效地进行汽车交易。如果没有适当的技术，就不可能有外包能力和供应链管理方面的进步。再以波音公司为例，波音公司的777型飞机所需要的132 000种主要的零部件，是由来自日本、中国、新加坡、中国香港、韩国和意大利等的545个供应商加工生产的。波音公司甚至还把外包项目交给它的竞争对手空中客车公司。生产的全球化不仅仅局限于汽车和飞机行业。从服装到计算机、电话、录像机等，几乎所有的消费产品的制造工序都已经实现了全球化。不仅是零部件的生产，还有研发和产品设计也都外包给了其他国家。除此之外，分装、最终装配，甚至连精加工，也都外包给一些能够提供较低价格和较高质量的国家。

　　科学技术不仅导致了生产的全球化，还导致了服务的全球化。在美国，当你打电话给一个计算机公司的技术支持部门，或者打电话给你的信用卡公司的客户服务代理人，电话那端的服务人员，也许不是位于纽约、芝加哥、圣路易、达拉斯或者圣地亚哥，而是位于8 000千米以外的印度的某一个地方。一个在美国硅谷工作的计算机程序员，完成了一天的工作回到家中，将他一天的工作进展发送给比太平洋时间晚7个小时的澳大利亚的程序员，澳大利亚的程序员经过处理，在他回家之前将他的工作进展发送给位于印度的班加罗尔地区的程序员，他的时间比澳大利亚时间晚3个半小时。班加罗尔的程序员在完成自己的那一部分工作后，再将工作进展发送给在爱尔兰的程序员进行进一步的工作。第二天早上，当位于美国硅谷的程序员坐在他的桌前时，一份已经完成的项目就会从爱尔兰发送过来，并存储在他的电脑终端。大概20年前，以上的场景都会被认为是科幻小说。电话会议、电视会议、通过互联网的在线讨论等，所有的这些，都深深地改变了我们作出决策和开展生产的方式。新发明和创新使远程学习成为可能，促进了在外科手术中，实现世界范围内的外科医生的协作，并且有助于资本市场的昼夜运行。市场营销是全球化影响的另一个领域，主要是由于新技术的出现，其次是因为互联网的出现，使市场经销商可以采用同样的推销手段，在各地提供相同的产品。结果是，出现了很多商品的全球消费，例如，可口可乐、古琦包、耐克鞋等。技术的进步可以使市场营销商获得一个巨大的数据库，并且从海量的信息里找到自己需要的数据。这样，市场营销商就可以使用复杂的统计程序包，进行市场研究分析，完成用手工方法无法实现的任务。不难想象，在不久的将来，人们将会采用数字货币来进行每天的日常交易活动。信用卡的使用是向这个方向前进的一小步。我们正在进入"无现钞的社会"。在欧洲，目前正在进行一项技术的测试，通过将身份证、医疗和财政状况的信息嵌入一张"智能卡"中，来进行无现金的交易活动。生物技术领域的发展，有利于提高芯片在医学领域的应用，从而使医生更好地诊断患者的健康状况。我们已开始看到营销的一个新领域的出现，即"健康市场营销"活动。

技术同样促进了金融的全球化。到目前为止，每一个国家都拥有自己的金融市场。现在已经不再是技术限制地域界限的那种情况了。使用最新的技术，公司可以在其他国家发行股票，还可以在利率比较低的国家发行债券，以此为扩大规模进行的资金筹集就容易很多。技术使商业公司进行大量信息的分析成为可能，并且使不同的信用评级的机构，例如标准普尔(Standard & Poor)和爱德华·穆迪(Edward·Mood)，为公司和政府的债券进行评级成为可能，以便他们在全世界范围内发行上市。这些都是有助于投资者减少风险的明智决策。由于最新的技术的出现和被使用，基金的管理者可以进行投资，并且可以在舒适的桌前赚取股票利润。同样道理，投机者、外汇交易者和数以百万的个人投资者，可以快速地将货币从一个国家转移到另一个国家。现在每天32 000亿美元的外汇交易额是每天世界商品贸易额的24倍！如果一个国家没有很好的金融监管体制和技术，是很难应对这样大的全球资本市场的冲击的。1997~1998年的亚洲金融危机就显现了这一点。这个问题在第四章会继续讨论。

从以上的叙述中不难推断出科学技术的破坏效应。科学技术经常对个体、公司甚至国家有着破坏性的影响。新技术的发展，常常会抛弃以前那种陈旧的做事方法。科学技术的发展导致新的劳动力分工和社会结构，即科学技术的变化导致新的产业结构的调整，使成千上万人突然失业，社会动荡，并加剧已有的阶级不平等现象。科学技术的发展本身是一种进步的表现，但当其发展的速度大大超过了社会对新事物的适应能力时，便会导致社会动荡。尽管科学技术给无数的人带来了机会与好处，但是它可能会把一些人遗留在科学技术发展的后面，并且造成新的地位不平等。从世界范围来讲，科学技术的发展有可能扩大科学技术先进国家与科学技术落后国家之间的差距。尤其是对那些缺少完善市场结构的发展中国家来说。

科学技术的发展使我们的生活像在一只大鱼缸里。新科学技术发展使政府和公司可以通过在线数据库，增强对公民和消费者心理、偏好、遗传等方面的了解。人们渐渐变得无隐私可言。也有很多人担忧，新科学技术带给了年轻一代新的生活方式，这会使得许多传统文化难以保存甚至消失以及手工艺术、生存方式和价值观的消失。对一些传统的文化威胁可能最终会破坏文化的多元性。然而科学技术也让人们认识到其他更多的威胁。例如，某些科技对自然环境和生态平衡的威胁、对大规模杀伤性武器的扩散、全球性恐怖主义的扩散和对人类道德的挑战(如克隆人等)。

我们应如何做才可以更有利于科学技术的发展，同时又可以避免其弊端呢？首先，我们要利用发展中国家的环境优势，发展适于发展中国家的科学技术。不断的科学技术全球化将会使全球化增强，不仅仅是发达国家，还有发展中国家都将产生更多新的技术。每个国家和地域的自然条件和生存条件不同，所需要的科学技术也不同，要警惕拿来主义。例如，大量引进西方的汽车和依赖石油的能源模式是值得思考的。我们这点应学习巴西的精神。

　　当一个国家创造了一些有利于科学技术发展的基础条件时，这些条件就可以自我维持，并且导致新技术的进一步发展。那些不能保持在新科技发展前沿的国家将失去他们的经济优势。例如，直到中世纪，伊斯兰文明和中国文明都是世界上最先进的文明，而此时此刻的欧洲，还深陷在黑暗世纪之中。但是文艺复兴为欧洲创造了一个促进科学技术快速发展和传播的环境，使欧洲从此迅速崛起。技术的发展与传播需要在一个开放的环境中才能繁荣兴旺。中国是一个拥有如此众多发明创造的国家（例如，造纸术、印刷术、指南针和火药的发明都来自中国），但是，当旧中国的统治者采用闭关锁国和与世界孤立的政策时，中国便开始陷入衰落的漩涡中。例如在日本，技术孤立主义产生了毁灭性的影响。1543年，两个落海的葡萄牙水手，被一条中国货船救起并带到日本。这两个葡萄牙水手带着火枪（一种较原始的枪）。日本人对这种武器印象深刻，很快就开始了自己的生产。日本人不仅仅模仿了这种技术，而且还大大地改进了它。16世纪末，日本比世界上其他国家都拥有更多更好的枪。但是，在日本社会文化中，有一股力量抵制枪支技术在日本的传播。作为日本武士阶层来说，剑是身份的象征，也是一种包含优雅决斗的艺术品。当武士剑客站在空地当中，发表雄壮演讲时，他会以其优雅的战斗姿态为荣。但当他和那些带着枪，并且满口脏话的农民兵相遇时，这种优雅的行为却是致命的。武士控制的政府开始限制枪支制造，直到日本又回到了没有枪支的状态。1843年，闭关锁国已经不再是安国之计，当美国海军少将佩瑞带领着大炮的舰队"拜访"日本时，日本人才认识到他们需要重新开始制造枪支了。

除了注重一个国家基础条件的建设外，还要注意扶植和保护社会弱势群体对技术变革速度的适应能力。加速的技术变革将提高对继续教育和培训的需求。同时，需要加强对产业结构调整时下岗待业人员的培训和失业救济。这将有利于提高对新技术的吸收能力和增加社会对创造性变革的适应性。这将对和谐社会的建立和政治稳定产生有益的影响。要促进交叉学科的技术发展。现在的工业和信息革命很多源于交叉学科。要创造条件使来自不同领域的科学家在一起工作，共同研发新技术。在技术研发领域，领先者之间的竞争日趋增强。这方面的决定因素，包括对未来的区域经济的筹化、知识产权的保护、跨国公司的参与、大量的公共、私人、科研机构的作用和研发投资等。在知识产权上，需处理好对发明创造者的鼓励保护政策和要为社会提供便宜科学技术成果的矛盾关系。例如，将传统中医学技术的发展与现代西方医药的发展相比，阻碍中医中药发展的因素之一是由于历来缺少对其知识产权的保护和鼓励政策，使得它的发展限于家族之内而缺少纵向交流，从而使其传播和发展受到阻碍，同时也增加了病员求医的成本。

综上所述，我们讨论了科技与全球化的关系、对一国社会发展的利弊以及一些建议，以更好地有利于适合中国国情的科学技术的发展，同时又可以避免其弊端。

科技全球化和中国

我们希望我们的子孙后代生活在一个强盛的中国，一个现代的中国，一个比西方世界更好、更发达、更和谐的中国。如何从一个发展中国家变成发达国家？什么是发达国家？按世界上现行通用的标准，发达国家的人均GDP水平要达到9 200美元以上。然而一个真正的发达国家意味着在其发展的推动力和在国际上的竞争力方面要以科技创新为主，而不再只靠生产要素和效率的提高（见第37页图2.5）。

正如前面所述，科学技术定义为人类为了克服自身的局限性和应对自然界对人类生存的挑战而产生的创意、工具、方法和组织形式。每个国家、民族和其生存的自然环境不同，所产生的科学技术也就不同。全球化打开了一个广阔和神奇的科技世界，人类可以更好地为未来生存的环境和共同挑战寻找科学技术的解决方法，同时也要根据自己的民族需要、特点、历史条件、文化和优势来决定自己的科技发展强国的道路和方向。全球化开阔了人们的视野，使人类进入了一个科学大爆炸时代。互联网每天以光的速度将知识信息传播于世。这是一个多元化和五彩缤纷的世界。历史上希腊（公元前300年）对人类文明的政治活动、哲学以及公民参与的组织形式作出了很大的贡献。中东、南亚、西印度等地区（公元800~1000年）的伊斯兰文明和佛教文明对人类精神文明发展作出了很大的贡献。西方的文艺复兴把欧洲从黑暗的1 000年中解救了出来，为以后的工业革命打下了基础。而近100多年的工业革命创造了科学的理念、思想方法和组织管理形式，产生了大量的科技发明。

所以说，发明创造是多方面的，不可只局限于某项技术，可以推广到社会发展和精神文明的领域。2006年，诺贝尔奖委员会把奖金发给了孟加拉国微型贷款的创始人穆罕默德·尤努斯，标志着西方世界对第三世界特有商业模式发明的认可。全球化使许多第三世界国家起飞，可以想象又有多少新的适合第三世界国情的创意、工具、方法和组织形式会产生出来呢？这里值得注意的有两点：第一，"发展"的概念不只是局限在某一项技术创新上，从人类历史的发展来看，生产组织形式、民众政治参与形式、精神世界的发展、不同的发展模式都应该列在同等重要的，或者说更重要的位置上；第二，每个国家的环境不同，历史条件不同，发展的道路、所产生和需要的科学技术也就不同。就此来说，全套照搬舶来品和西化是十分不可取的，也是危险的。中国必须根据自己的优势和劣势走适合自己的发展模式。

中国是一个人多地少，自然资源不十分丰富的农业国。下面我们就来讨论在农业、制造业、服务业、教育和公共卫生发展上科技全球化可能带来的影响。农业是工业革命起飞的基础，从劳动力的来源到内需市场的培育发展都离不开现代化的农业。然而我们国家大部分农村、农业和农民还没有从现代农业技术的发展上获益，所以，发展的潜力和空间是不可估量的。

"三农"的发展离不开三方面的科学技术，即生物科学技术、机械化技术和太空技术。在产品上，中国杂交水稻的成功就是生物技术在农业发展应用方面的一个很好的例子。西方成熟的生物技术在作物上的应用有：改进西红柿的品种、产量、口感、保鲜期；改进土豆的淀粉含量、延长保鲜期；改进菜籽的油分组成、提高质量等。农民劳动力的解放和生活的改变是与农业机械化紧紧相连的。在种植技术上，适用于小面积种植的小马力节能小型农业机械在西方的家庭就很普遍。塑料大棚技术、地表水分保护到节水灌溉技术、农用化肥、除草剂的开发都是很好的例子。在收获的环节，现在中国农业在运输、库存、加工环节产生的浪费还是非常大的。利用现代运输技术、制冷和保鲜包装可以减少谷物、奶制品、蔬菜、水果的损失，并且利用就地加工的方法，扩大当地就业产业和农村城市化。当然，牲畜的大规模饲养技术也同样重要。因为经济愈发展，市场对动物蛋白的消耗量也愈高。太空技术对农业的发展同样扮演着重要的角色，例如，利用空间电子摄影技术来分析自然资源的分布、水土流失情况、冰雪融化情况、预测天气和收成以及产品的市场价格走势等。总之，农民可否像工业企业家一样把农业也组织起来？利用不同的地源优势种植粮食、蔬菜、水果、干果、中药或发展养殖业。农民也可以成为"水陆空司令"养鱼、养蜂、种田外加开发生态旅游业。我们可建立一些适合农民的网上信息交流平台，成立农产品与世界价格走向联网的期货交易所，交易品种改良，种植，养殖，加工运输和管理技术。当地政府要把精力放在分析那些环境因素、机制因素、激励机制等方面。某些不合理的市场机制会阻碍技术的发展、推广和普及，阻碍农民企业家的创新积极性和规模化的发展。另外，也要注意国际走势的发展。全球化使得国际组织的监管力度增强，加入世贸组织对农业补贴的限制是个早晚的问题。农业所用从品种到农业技术知识产权保护法等都大大提高了引进的成本，搞得不好，就为富裕国家向贫穷国家夺取农业文化遗产创造了条件。食品的安全问题也为农业的发展带来了挑战和机遇。最后值得提出的一点是，农业问题对我国来说也是国际地缘政治上谈判的重要筹码之一。另外，必须注重农业问题对我们的生态气候举足轻重的影响。众所周知，中国是世界上的制造大国，高能源、高污染的发展模式是不可持久的。大规模生产为大多数人就业创造了致富的机会，使大规模消费成为了现实。中国在这方面对世界所作的贡献是无处不见的。从义乌小商品城到中国制造的大轮船就是很好的例证。经济全球化是和中国的工业化发展，特别是制造业的发展紧紧相连的，也是中国面临贸易保护主义的原因。在制造业发展中，以低廉的劳动力价格大量引进外资和技术在起飞初始阶段起了决定性的作用。但是要取得在世界上的竞争地位，赶超德国的制造业水平，我们的发展空间还非常巨大。在高、精、尖的发展领域，在机械电子技术、自动化技术等方面我们的模仿能力强，但在自主研发的核心技术方面还十分落后。如何建立一个有活力的以研发为主的中小企业群和一个有雄厚资本的以大型企业为主体的具有规模生产能力的机械工业制造体系将是下一阶段的机遇和挑战。

印度成功的软件、商务服务业的发展为中国服务业的起步提供了一个很好的先例。服务业包括餐饮、批发、零售、旅店、广告、技术管理咨询、安全保卫、维修、文体活动、市场分析、保险业、交通运输、公共服务、金融、医疗、保健、法律、教育、娱乐、影视业、会计审计等专业服务的非生产和非制造业活动。服务业水平标志着一个国家经济发展从温饱到富足的复杂程度。一般来说，一个国家愈发达，人民的生活对服务业的需求也就愈高。

另外，服务业知识含量较高，对GDP的贡献大，对生态环境也没有什么危害。

从表2.2各国服务业对GDP的贡献百分比（％）中可以看出，中国的服务业发展水平还是相当落后的，甚至低于世界上低收入国家的平均值。中国的快速发展，扩大了服务业的市场，这其中有许多是以信息产业为基础的全球性产业，也是中外公司激烈竞争的市场。如何将中国的大批大学毕业生吸收到这个产业来创业，为他们的才能找到用武之地，也是知识全球化在应用方面的一个重要表现。服务业将知识技术直接用于提高人民的生活质量，同时又进一步促进了一个国家发展水平的提高。服务业的发展不是一个权宜之计，而是我国发展的必经之路。

表2.2　各国服务业对GDP的贡献百分比（％）

类别 \ 年份	2000年	2005年	2006年
中国	39	40	40
美国	75	76	77
其他西方发达国家	70	73	73
低收入国家	45	45	45
世界平均值	67	69	69

资料来源：世界银行

科技发展对人类社会和生态环境的责任

也许你认为科学技术是无国界的，是存属于非社会和非政治的中性地带。所以，科学技术与社会责任是无联系的。从传统意义来说也许有道理，但从现代意义来说至少是有争议的。让我们从科学家在社会中所起到的作用和地位的历史演变来看这个问题。在第二次世界大战以前，从伽利略和牛顿到富兰克林和爱迪生，总的来说科学家不是一个职业，或者说不是一个赚钱致富和追取权力与名利的行当。这个行当往往由业余爱好者组成。这些特有的具有好奇心和开拓精神的人们出于理想主义，利用自己的时间和积蓄独立而不懈地求索。他们是人类社会文明和进步的开拓者。

在第二次世界大战期间，科学家自由的发现和发明活动演变成为一种职业。这是出于加强国家军事能力地位的考虑。科学家们被雇用和组织起来。从这个时期起，外部因素的需求远远超过来自科学家自己内部的呼声和要求。原子弹将"探索真理"的理想主义转变成为一个严峻的现实，实际上制造发明了一个有能力毁灭全人类的武器。这导致了科学社会责任意识的价值观。

第二次世界大战之后，科学家的发现和发明活动逐渐地演变成为一种商业活动。商业科技由此而生。各国出于以军事力量和工业发展来提高国家竞争力的考虑，促使科学家们成为有知识的或熟练的高级脑力劳动者，而不再是一种职业。现代全球化以来，跨国公司制胜的诀窍是以专利制度来保护现有的科技发明，由知识产权保护科技发明的成果和利润的长期回报。虽然这对科技的发展起到了促进作用，但也产生了使商业科技产业化优先于人类基础知识的发现发明活动和寻求利益的短期商业效益优先于社会发展长期利益的现象。科学家也从独立的理想主义者变成了高级劳动的雇员。在公司利润或国家利益主导的科技活动背后，这便产生了一个科技发展对人类社会和生态环境的责任问题。

在西方知识界，人们担忧21世纪的5个很有希望的科技新领域不但会改变我们对科技的定义，同时将会改变人类自身和地球生态。因此，科技发展对人类社会和生态环境的责任问题变得更为重要。要了解这个问题的来由，先要了解这5个领域是什么。

基因学　这是一门研究在基因水平上生命形成和操纵生命变异的学问。由于基因是遗传的基本单元，是细胞核的组成部分，在细胞内环境的形成中起了关键的作用。

机器人学　这是一门涉及设计、建造、操作和应用机器人的学问。

人工智能学　这是一门研究和设计计算机使其模拟并超越人类行为的学问。它与基因学和机器人学的结合可以改变"人"类自身。

大脑神经科学　这是一门关于大脑神经系统活动的科学。现在科学家可以实时监控大脑的思维活动。对人类意

▲ 大脑神经元

识的控制能力的提高将对伦理道德问题影响深远。

纳米技术 这是在纳米（一米的10亿分之一或10^{-9}米）水平上的技术。它从物理学到生命科学应用广泛。

这5个新学科的结合潜力无穷但也有可能带来潜在危险，为未来这个世界的科技发展带来了很多不确定性。有人认为上述5个新学科的发展和结合已改变了我们对技术的定义，科学技术是人类为了"克服"自身的局限性和应对自然界对人类生存的挑战而产生的。而将来的科学技术将有可能从原来的"克服"对自身的限制走向"改变自然和人类自己"。有人争论说，我们的发展正处在一个创意邪恶且混沌的世界中，有潜在的好的方面，但如果滥用就会犯错误，导致对社会和环境的破坏。正因为这样，研究对人类安全和健康（如食品安全）的新领域、对环境保护的新学科和人文伦理科学正在形成。

人类文明是基于科学的文明。科学和技术的发展有助于我们改善现实生活。但至关重要的是我们对自己的理解！这对我们提出了一系列的新问题。科学技术是否中性和客观？还是在一定的程度上受社会利益集团和政治承诺的支配和影响？科学技术是否纯粹是由对事物的求知欲和好奇心所驱使的？由谁来决定并以何种理由来决定不同科技项目发展的优先次序、资源的配置、研究项目对社会伦理的影响以及有害技术产生的可能性？谁应对这些科技的（有意的和无意的）后果进行评估以及如何解决和建立科学民主的问责制？作为一个全球公民的读者，你应该做什么，从而利用科学和技术建设一个更美好的世界，同时防止诸如促使气候变化和对物种丧失进一步损害的伪科学和技术？我们怎样才能阻止发达国家和跨国公司以对生物科学知识产权的保护为由对发展中国家的人民变相剥削？

如何才能使科学技术被用来帮助社会的发展解决人民的真正问题？

这一节叙述了科技全球化与一国社会机制的关系、与教育的关系、与人类文明和地球自然生态环境的关系、科技发展对人类社会和生态环境的责任以及如何利用科技为中国农业、制造业和服务业发展所带来的巨大机遇提高人民的生活质量。

案例一：维多利亚湖尼罗河鲈鱼

▲ 维多利亚湖，湖周边是世界上人口最为密集的区域之一

在东非的中心地带，肯尼亚、乌干达和坦桑尼亚的3 000万人口依靠维多利亚湖丰富的水产品生存。仅仅在40年前，维多利亚湖还有400多种鱼类，而今天只有少数几种鱼类幸存。维多利亚湖生态系统的退化始于1950年引进了尼罗河鲈鱼(胶乳罗非鱼)。在当时，虽然科学家反对(他们认为这种鱼没有天敌来控制其增长)，而且也没有得到这几个国家政府的同意，但殖民地渔政人员在地方政府官员的授权下，还是秘密地引进尼罗河鲈鱼到维多利亚湖。因为当地政府官员听说这种鱼能够长到500磅以上，他们认为引进这种鱼将促进本地区经济的发展，而且也可以改善当地居民的饮食状况，以摄入更多的蛋白质。

20世纪80年代，尼罗河鲈鱼在新的栖息地繁殖很快，与此同时，大型商业捕捞公司进入该地区，这极大地冲击了该地传统的捕鱼方式，迫使数万名当地渔民流离失所。这些公司对维多利亚湖进行了大规模的商业捕捞，以供应欧洲市场(在欧洲市场能卖比较高的价钱)。当地居民不但吃不到最好的鱼，而且很多人成了这些商业捕捞公司的工人。曾有报道称，当地居民捡拾从运往欧洲的渔船上抛下的烂鱼食用。大量集中的捕鱼工人的工作条件极差，获得的工资非常低，这严重破坏了当地的社会结构。工人们很容易接触那些感染了艾滋病病毒的人，但却很难得到医疗照顾。一旦工人们感染了艾滋病病毒，商业捕捞公司就在他们病重之前将其送回家，因为与运送尸体的高昂费用比，这样更合算。

同时，由于没有天敌，尼罗河鲈鱼迅速繁殖并能够长到250磅重。长到这么大的鱼必须食用大量的鱼，从而造成本土鱼类的大规模灭绝。最后它们不得不自相残杀，大尼罗河鲈鱼吃较小的尼罗河鲈鱼。由于传统的食物来源没有了，同时由于这些庞大的鱼破坏了维多利亚湖的生物链，当地渔民不得不放弃捕鱼的工作，只剩下那些大型商业捕捞公司。人们燃烧木材来烧烤尼罗河鲈鱼(这造成森林以惊人的速度被毁坏)，还建了大型的加工厂来加工尼罗河鲈鱼以出口到海外市场。因为这些需要大量的资金，从而阻止了其他渔民进入尼罗河鲈鱼市场。由于尼罗河鲈鱼迅速扩散，当地人又有不容忽视的食用鱼类的习惯，维多利亚湖的食物链正在改变，在某种程度上已经被破坏。例如，以藻类为食物的鱼类的锐减，导致藻类以惊人的速度增长，使得维多利亚湖自我净化中断。藻类植物不断增加，而湖自身的分解速度又没那么快，于是沉淀在湖底的已经死亡的植物越来越多。由于需要大量分解这些沉入湖底的植物，使得湖底深处的氧气含量不断枯竭。如果没有氧气，任何有氧生物(如鱼)都不能在湖底深处存活。这就迫使所有生命仅能生存于湖深处的一个很小的范围中。这样，尼罗河鱼从原来的多样性逐渐退化，也使得一度生机勃勃的维多利亚湖迅速退化。

结果已无异于一场灾难，人类和环境之间的平衡被打破，环境被破坏，疾病肆虐，贫富分化在以前所未有的速度扩大，因为只有拥有资金才能够在剩下的资源里再获得点什么。而且，因为尼罗河鲈鱼仅仅以吃自己的同类生存，剩下的尼罗河鲈鱼也处于濒临灭绝的危险境地。科学家希望当尼罗河鲈鱼灭绝时，当地原有的物种能够顺利地恢复，维多利亚湖慢慢地又能够重现生机。但问题是当地居民是否还有人能够活到那一天。

案例二：以屏幕为老师的教学法

孩子是世界的未来。人力资本的开发，影响着一个国家未来的发展，所以，普及教育十分重要。然而，在发展中国家，例如像中国和印度这样的人口大国，一个普遍的问题是极度缺少教师，特别是在边远的贫穷地区，没有资金或付不起高薪水来吸引大量的优秀教师。这是一个社会造成贫穷和不平等的重要原因。为了解决这个问题，美国麻省理工学院的一位教授尼古拉斯·尼葛洛庞帝创办了"每个孩子一台电脑"公司。

首先让我们谈谈孩子是如何学习的。例如，孩子是如何学会说话、走路和玩电脑的？当一个孩子的发音被大人错误理解的时候，当走路摔跤时，当在电脑游戏中被击毙时，孩子自然就慢慢地掌握了语言、走路和玩电脑的要领和技巧。这里值得注意的是，孩子们学习是通过自身行为的结果，而不是通过老师教和上学学习。这就是为什么在很多时候用说教的办法教不好学生而必须要经过学生自身的实践。这个道理在动物世界也是一样。根据珍妮·古道尔博士（英国著名的生物学家和动物行为学家，长期致力于黑猩猩的野外研究工作）的研究，一只叫"Love"的黑猩猩，非常喜爱电脑游戏。这只黑猩猩每次玩电脑游戏长达20多分钟，如果输了它就会敲拍玻璃要求科学家允许它再玩一次，即便它得不到一小粒葡萄干的奖赏。这个例子说明计算机对学习能力培养的效力。如何利用电脑来协助这个学习的过程呢？印度一位教授做了一个有趣的实验：他把电脑的屏幕和键盘镶在村里闹区中心的墙上，然后安装了一个摄像机镜头。村里的孩子们不一会儿就三三两两地聚集在这个怪物面前，开始玩弄这个神奇的家伙。最多的时候几十个孩子，成群结伙地在电脑屏幕前面互相支招，虽然大多是错误的方法，但不久孩子们就掌握了电脑的开启，并开始被屏幕上出现的画面吸引了。过了不几天，孩子们学会了玩电脑游戏和上网。有意思的是，虽然他们不会说英文，当然也读不懂英文，但他们学会用当地的语言来表达一些与电脑操作有关的词汇，例如，"开启"、"关闭"、"上网"等。更重要的是，这个小小的屏幕为他们打开了一个通向世界的窗口，找到了学习的老师。

正是利用这个道理，"每个孩子一台电脑"这家教育公司开创了一个商业模式，来解决第三世界国家的普及教

▲ 尼古拉斯·尼葛洛庞帝教授和他的"每个孩子一台电脑"公司

育问题。尼古拉斯·尼葛洛庞帝博士为孩子们设计的手携笔记本电脑不但设计特殊而且价格便宜。目前是100美元一台,2010年可以做到50美元一台。从2007至2008年,这家跨国公司已经将它的计算机送到以下这些国家的贫穷孩子手中:阿根廷(10万台)、土耳其(10万台)、乌拉圭(75万台)、埃塞俄比亚(5万台)、秘鲁(100万台)、墨西哥(25万台)。

这种笔记本电脑的设计考虑到这些地区没有电源和教室、野外工作、卫生环境较差和孩子们爱摔爱碰的使用特点。为了使孩子可以直接在野外学习,电脑配备了可供给1瓦特电力的太阳能电池,机壳防水、防尘和耐震,软件采用开放式的免费微软办公室软件包。这种电脑没有运动部件,不带硬盘和风扇,外壳防碰撞,配有防震动的LCD屏幕、防湿和防尘的键盘、USB接口和话筒等,另外,利用了加固的保护连接工艺。LCD屏幕具备两个工作状态的选择:在太阳照射时的黑白显示和没有太阳照射时的彩色显示。另外,屏幕可以180度旋转作为笔记本使用。这类电脑可储存小学生5年用的课本,可以节省纸张、书本的运输和分配费用。每台电脑备有固定的Wi-Fi可以连接互联网,另外,在无需服务器或者Wi-Fi的情况下各台机器可以互相连接。

▶尼古拉斯·尼葛庞洛帝为孩子们设计的手携笔记本电脑

这家教育公司是一家非营利的为全球教育服务的跨国公司,其2 000万美元的启动基金来自14家跨国公司和联合国开发计划署。由于它的大批量生产规模以及有当地政府和慈善机构的支持,所以,可以在全球找到廉价的供应商。另外,它节省了一般电脑公司要花费的占60%~70%电脑成本的市场营销费用，如广告费、运输和分发费用等。电脑技术成了打开孩子们智慧世界的一把钥匙。

里程碑

1100年，中国发明指南针和纸币。这两项发明促进了国际贸易发展。

1400年，韩国人发明了可移动的打印机。

1596年，第一个抽水马桶发明，供英国女王伊丽莎白一世使用。

1698年，第一台蒸汽引擎发明。

1525~1683年，中国的枪炮技术尚能与西方保持同步。但当康熙二十二年（1683年），全国稳定之后，因军事威胁消失，官方对火炮的重视日减。从康熙二十二年（1683年）到康熙五十四年（1715年），中国的枪炮技术大致与西方相当。

1750年，本杰明·富兰克林发现闪电是电的形式。

1792年，汽油灯问世。

1804年，蒸汽机车发明，并很快成为主要的运输工具。

1825年，搭载450位乘客以每小时15英里速度行驶的第一列火车在英国亮相。

1837年，电报机的商业用途开始。

1866年，德国人西门子开发了第一台电子传动系统。

1840年，鸦片战争爆发。

1876年，贝尔发明了电话。

1901年，意大利人马可尼发送第一条无线电波信息横跨大西洋，为快速通信发展打下了基础。

1903年，由怀特兄弟发明的飞机第一次试飞成功。

1913年，亨利·福特发明生产流水线，引发了制造业发展的革命。

1938年，切斯特·卡尔森发明影印技术。

1945年，原子弹投落在日本广岛和长崎。

1946年，第一台计算机埃尼阿克（ENIAC）诞生。

1947年，晶体管在贝尔实验室问世。

1949年，新中国成立。

1953年，弗朗西·克里克和詹姆斯·沃森发现DNA双螺旋结构。

1957年，苏维埃发射围绕地球旋转的第一颗人造卫星Sputnik。

1964年，中国第一颗原子弹在新疆罗布泊戈壁滩上试验成功。

1967年，南非的医生可瑞斯逊·波纳德执行了成功的人工心脏移植。

1969年，三位美国宇航员成功登月。

1978年，第一个试管婴儿在澳洲出生。

1982年，航天飞机哥伦比亚号从NASA发射中心发射，并安全返回地球。

1989~1993年，互联网开始被广泛利用。

1997年，第一只克隆绵羊多莉出生在英国。

2001年，人类染色体项目完成人类的DNA解码。

2008年，我国神舟七号载人航天飞船首次发射成功。

2008年，源发美国的世界金融危机爆发。

第三章
全球化与国际贸易：同一个世界同一个市场

引　言

　　如第一章所述，20世纪的前50年是一个政治上分裂，贸易上保护，各国之间进行武力冲突和相互不信任，思想和外交充满隔阂的50年。继第二次世界大战和长达40多年的冷战之后，世界上产生了4个巨大的变化。在经济体制上，原始的资本主义由于极端的社会分配不平等，而不得不借鉴苏联社会主义制度的经验，首先在欧洲而后在美国先后引进了一套失业保护等社会福利体制。而苏联和中国由于计划经济和低经济效率先后在不同的程度上和不同的方面引入了资本主义的市场体制，其结果是：①东西两大阵营开始在政治经济上从左右两个极端向中间靠拢（尽管双方的差别至少在本质上是不同的）；②在贸易上，开放本国各自的市场，促使世界市场一体化的形成；③技术革命的飞跃发展，特别是海运、空运和集装箱式运输的发明使运输成本大大降低，产生了在很多产业进口比自己制造更为便宜的局面；④网络经济的形成。互联网和手机等信息技术革命开始打破了观念、文化和制度之间的隔阂。经过频繁和更深入的思想碰撞、冲突和理解的对立统一过程，人类社会开始多方位和多视角地交流，并学会换位思考。

　　在国际贸易上，制造品的关税从第二次世界大战后的

40%下降到5%以下。在国际海运方面，以前一条船只能装5 000到10 000吨的货物，要花上几个月的时间从上海运到旧金山。现在一条船可以装150 000吨以上的货物，只需要十几个船员，不到两周的时间，就可用空调式集装箱将新鲜的货物从上海运到旧金山。手机、互联网每时每刻将新的创意、新的思想、新的商机交流、碰撞，从地球的一个角落传导到另一个角落。这是一个信息、商机和创意爆炸的世界，是一个以创意、商机驱动发展和推动国际贸易的时代。在人类历史上，我们从来没有经历过这样一个时代，在这样短的时间内，很多发展中国家飞跃地进入了世界市场。

改革开放30年，中国创造了世界经济历史上的奇迹，经济每年以两位数字的增长率增长，使亿万农村人口脱贫。印度自1992年也以6%的平均增长率发展。南非在1994年以前，一直是负增长，现在也快速地赶了上来。发展中国家历史上曾是西方殖民主义的原材料和奴隶的基地，后来是廉价劳动力的生产基地。但现在正在发生翻天覆地的变化，正在转变成为巨大的和快速增长的消费者市场，也将成为世界上最大的和最有活力的新兴人力资本市场。世界上现在每1 000人中只有一名科学家或工程师。但这个局面正在迅速改变。可以想象中国、印度、巴西、俄罗斯的大量大学毕业生、研究生，当他们创造出适合自己国情、环境的技术和产品时，这个世界的市场将是多么丰富。这个世界就像一台大型电子计算机，当另外一大半可利用的潜力被发挥出来的时候，我们的生活会因为国际贸易的存在变得更美好和丰富多彩。从住房、穿衣、吃饭到手持电子产品都将会出现更多的消费选择。

然而，国际贸易为什么在国家之间经常产生很多贸易摩擦和矛盾呢？要回答这个问题，你首先要了解为什么自古以来，贸易就是人类最古老的一种商业活动。在贸易活动中，虽然加入国际市场对一个国家的发展总的来说是有利的，但是为什么在有一部分人受益的同时，而另外一部分人的利益却总会受到伤害呢？

我们为什么开展贸易？——国际劳动分工的必然结果

　　19世纪初，英国企业家和政治家理查德·科布登，提倡自由贸易反对英国当时的玉米同盟，倡导以自由贸易来降低当时英国的粮食价格，从而支持工业的发展和保持与其他邻国的和平外交关系。英国人民为了纪念他，至今在曼彻斯特还保留着他的塑像。他曾经说过："自由贸易是上帝的外交，已没有其他任何方式能将人们和平地联合得如此紧密了。"不管你是否相信上帝，科布登所说的自由贸易将人们更紧密地联合在一起，这已经是一个不可争议

▶ 理查德·科布登和立在曼彻斯特的他的塑像

的事实。几乎从有记载的人类历史以来，人们就开始了贸易，理由也十分简单：与别人交换自己不能生产的物品，或者购买自己能生产但别人的成本比自己更低的同样物品，这样可以提高自己的生活水平。这被称为劳动分工，即集中生产对自己而言成本最低质量最好的商品和服务，同时从他人那里购买成本最低质量最好的商品和服务，以提高买卖双方的生活水平。

熟练的铁匠能易如反掌地将铁矿石制成农具、厨具、五金工具和武器等，但他却不善于在农田里耕作，也没有时间去耕作。有经验的农民知道如何给不同的农作物施肥，知道什么时候应该耕种，知道农作物的生长和循环规律，知道哪一种植物可以用保护农作物的天然杀虫剂，知道什么时候收获和怎样存储粮食。但农民没有时间去制造农具，也没有受过这方面的训练。以上是一种自然的劳动分工，也就自然地导致了铁匠与农民的贸易交换。这种劳动分工使双方都能获益。

刚才所描述的这种劳动分工是发生在一个小村庄里的。当一些人积累了更多的财富时，他们渴望从更远的地方获得当地没有的商品。例如，早在大约公元前3100年的

▼ 张骞两次（公元前139年和119年）通西域，开辟了中外交流的新纪元

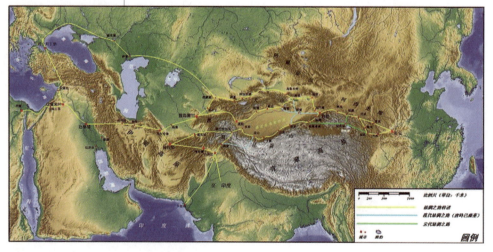

时候，法老王美尼斯就与邻近的拜布罗斯（Byblos）和堪纳安（Canaan）的腓尼基人的城市（即位于现在的黎巴嫩）建立了和平友好的商业往来，出口黄金、象牙制品和谷物，进口颜料、木材与衣服等。

地球之大，各地的自然条件、资源、科技和生产水平也不同，所以，差异是人们相互买卖的原因，同时也是各个国家根据自己的天时、地利和人文条件在世界经济发展中寻找自己的位置和优势的原因。这个过程就是国际上劳动分工的过程。劳动分工促进了人类的商务活动，而贸易又促进了资本的流动和全球经济的发展。

▲ 丝绸之路上的古老客栈

国际贸易简史

追溯到最早的贸易历史，"国际贸易"这一术语可以说是有点用词不当：它表示的是国家之间的贸易，但在工业革命之前，真正意义上的现代国家并不存在。"国际贸易"只不过是被看作地区之间贸易的一个同义词，表示与居住相邻近的人们进行的贸易交换。

当然，局部性的国际贸易在世界上的产生相当早，约在公元前3100年法老王美尼斯统一埃及之前，古埃及的上层社会和下层社会，就已经开始与邻近及较远的地区进行贸易了。美索不达米亚人（阿卡得人、巴比伦人和闪族人）都是目前所知最早和较有系统的国际贸易者。他们不仅买卖自己的商品，同时也充当了中间人的角色。他们制定了国际贸易中使用的第一套标准重量体系以及第一份标准商业合同。同时，在美索不达米亚地区，产生了现代商业实践的萌芽：资本的借贷、变动的利息、"沉默的"的投资伙伴等幕后工作就已经出现了。第一套管理贸易和商业的法律体制，于公元前18世纪由金·汉穆拉首次编成法典。类似的发展同样也发生在美索不达米亚地区，而且部分法典的日期可以追溯到公元前3000年。

第一个海上贸易帝国是由腓尼基人建立的。从历史记录上看，腓尼基人出现在约公元前30世纪，居住在现在的黎巴嫩沿海一带。到公元前16世纪，他们与外国城市之间的贸易已经得到了广泛发展。生长在腓尼基的雪松和冷杉森林，为他们建造贸易商船舰队提供了原材料。他们的一部分贸易对象便是这些造船的木材。腓尼基人不喜欢战争，但却十分热爱旅行和冒险，他们对贸易契机有着天生的慧眼。他们在地中海东部地区、北非、西班牙国内、撒丁岛和科西嘉岛都建立了商业殖民地。在法老王尼可的资助下，腓尼基探险队于公元前600年完成了第一次北非环航。当时的航海旅行，只是白天在可以看到陆地的海边航行，晚上就将船停泊在岸边，并不是整晚都在航行。所以，此次航行虽然花费了3年时间才完成，但在历史上并不十分出名。

迦太基和罗马

公元前最后一个世纪，罗马作为一个区域的贸易力量出现了，并且与当时另一个主要的区域贸易力量，即位于今天北非北岸突尼斯的迦太基，发生了一系列的战争，战争开始于公元前264年。在成长为一支独立的力量之前，最初的迦太基是由腓尼基人作为一个贸易驿站建立的。迦太基控制了非洲北部和西班牙南部的部分地区，也就是地中海地区的绝大部分贸易。罗马控制了意大利。

普尼克（Punic）战争【之所以这么叫是因为罗马人

称腓尼基人为普尼斯（Punis），普尼克在英文中意为"普尼斯人的"】是使罗马在地中海地区的力量得以巩固的转折点。在普尼克战争的历史中，还包括汉尼拔(公元前247到公元前183年，迦太基统帅)的大进军，经过战斗训练

▲ 西域贸易之路

的大象军从迦太基开始，穿越直布罗陀海峡，北上西班牙和法国，穿过阿尔卑斯山，抵达罗马。

最后，罗马打败了迦太基。为了标榜它的胜利，并且保证以后再也不会有来自迦太基的竞争威胁，罗马参议院下令屠杀了迦太基的所有原居民，焚烧了所有的城市，盐化了迦太基的土地使其失去了可耕性，肥沃不再。相对而言，至少在现在的贸易战争中，对失败者的惩罚要温和得多。

阿拉伯商人

我们现在来谈谈公元6世纪初期那些来自阿拉伯半岛的商人。随着伊斯兰教的出现，"阿拉伯人"这个词汇的使用范围比以前更为广泛。阿拉伯穆斯林在6世纪中期控制了地中海东部地区、波斯和北非的一半区域。然后在接下来的100年里，他们继续扩张，把北非剩余的地区和西班牙的大部分地区也控制了。阿拉伯人自身人数并不多，但却以迅速发展的地方统治者的身份，迅速在那些被征服的领地，建立起一套政府管理模式。在本文以后的讨论中，当我们说到阿拉伯人时，也包括西班牙的摩尔人、北非的马

格里布人、黎巴嫩的累范特人在内的所有穆斯林和原阿拉伯穆斯林统治下的后代。

在开启与印度、中国的贸易交往方面，可以说阿拉伯商人对世界贸易的影响是最深的。早在公元前若干世纪，位于阿拉伯南部的塞巴人就开始与印度进行海上贸易了。差不多同一时间，位于现在叙利亚的巴尔米拉（Palmyra）人也开始开发与中国的陆上贸易路线。贸易中的丰厚利润足以诱使马可·安东尼（Marc Antony）在公元前42年至公元前41年武装夺取巴尔米拉。这条丝绸之路最终被罗马帝国接管并控制了长达数百年。在罗马帝国衰落之后伊斯兰教崛起之前，阿拉伯人重新掌控了丝绸之路。他们不断加强与中国的海上贸易往来。中国的四大发明——指南针、火药、造纸术和印刷术都是经他们由中国传入欧洲的。

开启东非和西非贸易的也是阿拉伯人。他们的影响最早在东非。他们建立了经陆上和海上的两条贸易路线。斯瓦希里语就是来源于阿拉伯语的，后来发展成为阿拉伯人与当地贸易者之间，用来帮助进行商业交流的国际商务混合语。西非的贸易开始得比较晚，公元9世纪时才开始有骆驼商队穿过撒哈拉沙漠。

除了将他们自己的货物卖到欧洲和在欧亚之间充当中间商的角色外，阿拉伯人还对黑暗时代后的欧洲学术生活的发展产生了很大影响。阿拉伯文明的繁荣就是在这一时期。我们的数字体系就来源于阿拉伯语。阿拉伯人发明了代数。我们熟知的许多流传至今的希腊哲学家们的思想作品，都是来自于那些仅有的阿拉伯语译本，这些作品的原文本早已经失传了。很多欧洲学者寻根到科尔多瓦和巴格达的阿拉伯学术中心，在这里他们不仅能够找到很多希腊原文的译本，还可以与聚集在这里的有着相同学习热情和才智的学者们辩论并且相互学习。之后，西班牙宗教裁决所和其他宗教暴行驱逐犹太教和基督教"异教徒"，当这些"异教徒"要寻找庇护所时，是穆斯林为他们敞开了大门。

总之，阿拉伯文化对国际贸易以及欧洲文明的影响和发展都起了非常重要的作用。

丝绸之路和国际银行业的兴起

公元12～13世纪，热那亚(意大利西北部的州及其首府)和威尼斯逐渐在国际贸易中崭露头角，他们不仅深入地中海地区、欧洲和土耳其，还从阿拉伯商人手中接管了与中国进行贸易的丝绸之路。他们将威尼斯的玻璃制品，中欧的金属器皿、一般的亚麻布和羊毛衫出口到中国，并从中国进口丝绸、瓷器和香料。

随着国际贸易的繁荣发展，从实物交换和支付到以货币形式进行交换是贸易发展的必然产物。实物交换严重地限制了贸易的自由性。这种交易形式要求商人必须在异域他乡寻找有潜力的交换货物：①人们要对这种货物

▲ 丝绸之路终点——土耳其伊斯坦布尔的香料市场

▲ 坐落于南京的郑和塑像和他的商船模型

有需求；②这种用于交换的货物可以经受得起长达数月的交通运输；③这种货物不能太大也不能太重。因此，铸币（金、银、铜、铁、锡）由于其便于携带储存的特点，成为了实物交换的最佳替代对象。

随着贸易量和价值额的不断增加，商人（特别是陆上商人）运输金属货币财富的能力也越来越受到质疑。最后，商人们发现，由各种金属制造而成的这些铸币因为其数量实在太大，很不便于储存运输。于是，一种更好的支付方式应运而生了。这为以后金融业的发展埋下了伏笔。

▲ 杭州西湖边马可·波罗的塑像

阿拉伯商人最先提出了信用的概念，或者说是支付承诺。核算账户的支付程序如下：你的机修工帮你修理好汽车后，你开出一张支票。这就是一种支付的承诺。如果他接受了你的支票，那么说明他相信你有钱存在银行，并且这些钱足以支付你的修理费（如果你在银行没有存款，那么除非他将你告上法庭，否则他就拿不到钱）。他向银行出示你的支票后，银行会将你账户下规定数目的资金转到他的账户下，当然，如果他喜欢现金，银行也会支付现金给他。这种体系建立在

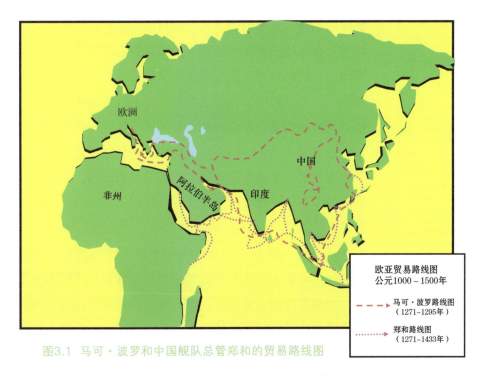

图3.1 马可·波罗和中国舰队总管郑和的贸易路线图

资料来源：世界历史简明地图，新泽西，哈蒙德出版社，第四版，1993（pp.58-59）

信用与名誉的基础之上。到公元12世纪中叶，这种信用的使用已经在欧洲广泛流传开了。交换记账的使用允许贸易以惊人的数额增长，它不仅在欧洲各国之间很流行，在欧洲、地中海、非洲、印度和中国之间也很流行。直到黄金铸币、弗罗林（一种货币，1252年由佛罗伦萨人传入）首次被广泛接受，信用作为促进国际贸易的一种方式才被建立起来。

这一时期同时也是国际银行业的兴起阶段。国际银行业的产生，首先为家族成员在若干个不同的重要商业中心建立自己的分支机构提供了可能。让我们来举一个例子，一个佛罗伦萨人（来自佛罗伦萨，也就是现在的意大利）打算在伦敦购买一些货物，然后把这些货物运回佛罗伦萨销售。他可以先支付一定数量的弗罗林给佛罗伦萨的梅第奇家族成员（一般而言就是将他自己的钱借给这个家族），同时收到一张写有这个数量资金的票据，即今天的银行汇票。然后当他抵达伦敦后，他就将这张票据拿给伦敦当地的梅第奇家族成员，兑换成英镑，在伦敦购买货物。这样商人就不用担心怎样将弗罗林从佛罗伦萨运到伦敦的问题了，不必去雇用骡子，租船和请保镖，也不用考虑他的弗罗林在伦敦哪里才能流通使用。贸易因此变得简单了。

随着这些有强大资金能力的家族在国际贸易中对信用的推崇和使用，国际借贷开始兴起。现在让我们回到之前那个佛罗伦萨人的例子。与其谈他去伦敦进口货物回佛罗伦萨销售，不如谈谈他准备在佛罗伦萨出口货物去伦敦销售的情况。很不幸，他缺乏资金。但是因为他之前已经和梅第奇家族有过借贷往来，并且是一个有良好信誉的商人，所以，他可以先从佛罗伦萨的梅第奇家族贷一笔钱来购买他的贸易商品。同时他答应，一旦他的货物在伦敦出售完，就会将这笔钱还给梅第奇家族在伦敦的代表。这种国际银行业信贷的产生，极大地激起了公元第二个千年初期的贸易浪潮。

世界贸易和殖民主义的发展

贸易和殖民地的建立是相关的并有着深远的历史。早期在海上经营贸易的主要力量，如塞巴人和腓尼基人，都沿着他们的贸易路线建立了殖民地。这样做有利于他们很好地控制海港的安全，因为每个晚上他们的商人都要靠岸休息。殖民地可以只有20~40千米远。有时，殖民地也会因为其自身优越的条件而发展成为真正的贸易中心，作为一个货栈中心，周边地区的货物都会拿到这里来与从海外运输来的货物进行交易。例如，迦太基就是以这种方式发展起来的。

殖民地一般对商品的流通具有很强的控制力。商品流通的种类以及选取这些商品流通的理由，在不同的时期是不一样的。公元前18世纪，腓尼基人在迦太基的殖民地就限制向马格里布出口雪松木材和象牙，同时限制黄金的流出。如上所述，建立这种殖民地的原始目的，仅仅是为了给腓尼基商船提供一个安全的休憩港口。而近代殖民地的产生是为了开发当地的自然资源，为了巩固殖民统治，殖民主不但进行文化统治，而且企图改变当地人的信仰。

欧洲列强分割非洲与中东的历史

以非洲与中东的故事为例。在1884～1885年的柏林会议上，欧洲列强分割了非洲大陆，这是殖民地史上最后的一次割据狂潮（见图3.2欧洲帝国主义列强瓜分非洲大陆中1902年的非洲）。第一次世界大战之前，意大利占领了位于现在的利比亚（北非国家）地区，法国和西班牙分割了摩洛哥。利比里亚(由于受到美国的影响，由当地的奴隶建立了政权，成为非洲第一个共和国) 和埃塞俄比亚是仅剩的两个没有被殖民统治并保持独立的国家。

最后，在第一次世界大战即将结束时，中东还出现了殖民影响的余波。法国和英国根据1916年签订的《西克斯——皮科特条约》，瓜分了战败国土耳其帝国的领土。当时欧洲列强与阿拉伯人的当地政府一起统治，毫无疑问他们的影响力极大。1917年，《巴尔弗宣言》产生，促使欧洲列强原本打算到1948年才在巴勒斯坦建立犹太州的计划提前。

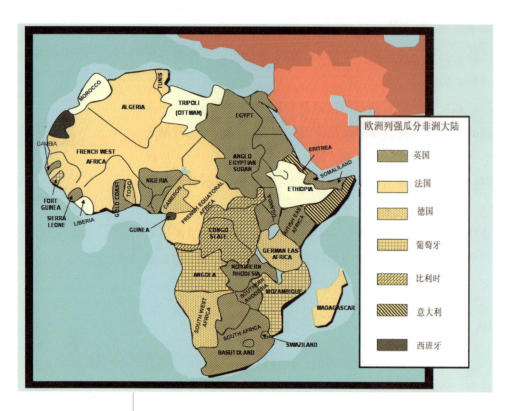

图3.2 欧洲帝国主义列强瓜分非洲大陆

殖民主义的后遗症

　　依附理论认为，前殖民地国家在独立后没有取得成功和繁荣的原因，是因为他们在经济上继续被前殖民统治者剥削。这一理论认为，前殖民地国家和在这些国家的跨国公司，依然保持过去的进出口价格比值，这些不发达国家向工业强国出口的商品价格低于其从工业强国进口的价格。为了改变这种状况，前殖民地国家利用自给自足和实行进口替代来进行经济建设，以此来改变他们被迫从工业强国进口"索价过高"商品的状态。在一定的时期内，这样的政策也许是有效的，但这样的政策，再加上国内贪污和金融管理不善，往往只能带来较慢的经济增长。但一些国家（特别是东南亚国家）的实践证明，只有更开放的贸易政策才能给大多数最不发达国家带来更快速的经济发展。

不管你是否相信依附理论，事实是：很多前殖民地国家尤其是在非洲普遍存在着贸易赤字，并且在经济发展中持续处于落后状态。造成这一状况的原因，第一是缘于这些殖民地形成的历史原因。当时殖民主义者为了确保自己的统治地位，将原始的种族部落以国家的形式从中人为地割开。这就是有名的分而治之战略。在这样基础上形成的国家缺乏民族的凝聚力。从图3.2欧洲帝国主义列强瓜分非洲大陆中整齐笔直的国界就可以看出殖民主义者划分的结果；第二缘于独立之后民族独立政府基础设施欠缺（学校、医院、交通运输、公共事业设备、金融银行系统等），行政发展组织能力落后以及当地高素质人才（例如银行家、工程师、行政人员、企业家、创业人才等）缺乏；第三缘于独立后政权内贪污腐败和国内经济管理不善；第四缘于在对外贸易上，工业化水平低和缺乏产业升级，不得持续低价出口资源。例如，在不考虑通货膨胀的情况下，2004年出售的咖啡、黄麻、棕榈油和橡胶的实际价格，低于它们1960年的出售价格。自从1974年第一次石油危机以来（1974年的价格是1973年的3.5倍），石油价格大比例增长，所有发展中国家每年的通货膨胀率从1968年的3.8%上升到1990年的69.5%。最不发达国家生存成本巨大增长，而出口价格下降，导致这些以出口资源为生的发展中国家的经济倒退。

为了进一步说明上述情况，可把1980年的贸易条件指数以100为标准，并将它与2003年的贸易条件指数相比较。如果一个数字在2003年小于100，说明从1980年到2003年贸易条件恶化；反之，如果一个数字在2003年大于100，说明从1980年到2003年贸易条件改善。事实上，发展中国家的贸易条件指数（在1980年是100）在2003年只有77。这就意味着，从1980年以来，这些国家失去了23%的国际购买力。其中最不发达国家农民的生活更为恶化，因为他们的农产品出口，在美国和欧洲面临很高的关税壁垒。2003年，工业国的贸易条件在1980年的基础上上升了15%。很明显，在过去的40年中，工业强国的贸易条件得到了改善，他们高价出口工业制成品，低价进口生产原材料；而不发达国家的贸易条件实质上恶化了，这些不发达国家变得越来越落后了。

当然也要指出，不是所有的前殖民地国家都变得愈来愈落后了。依附理论的反例有新加坡、马来西亚和中国香港，这几个国家和地区目前的经济水准相当高，并且过去都是英国的殖民地。而同为前英国殖民地的印度，作为经济发展动力充足的国家，除了在独立之前英国帮助建立强大的教育体系和铁轨等基础设施对经济发展依然有很多推动作用外，整个国家的经济正在向前发展。

国际贸易的历史，也是经济全球化的历史，也是人类文明通过商业往来相互渗透的历史。但这个发展过程从来就是不平衡的。所以，也是压迫和被压迫、各国各民族争取经济发展和独立的历史。

贸易强国的理论

从以上的历史可知，贸易的发展是人类利用科学、技术和航海手段在全球各地获得资源和扩大市场建立国际贸易体系的必然结果。在这个过程中也产生了一系列的贸易理论。这些理论直到现在对各国的经济发展和了解全球化也是必需的。这些理论在不同的历史时期起到了不同的作用，从民穷君富的重商主义到贸易的比较优势理论，每种理论都有其产生的特定历史环境，特有的不同政治、经济和社会背景，同时也提出了不同的发展思路。

重商主义——民穷君富的理论

重商主义出现在16世纪中期的英国。那时的商品贸易已不再是简单的物与物的交换。商人将商品出口到其他国家，以换取黄金和白银，然后再用这些黄金和白银购买当地的商品带回自己的国家。在重商主义时期，这些贸易主要以出口为目的。因为出口商品可赚回黄金和白银，用来购买商人所需的东西。在这个时期，大多数的贸易是为王室服务的。君主或女王授权商人从事商品贸易，商人只需支付相关的税就可以得到这个特权。通常商人直接为君主国服务，为他们出口产自王室贵族拥有土地上的农林牧产品和来自王室手工艺制作作坊的产品。这就有益于君主国赚得黄金和白银，用于建立自己的海军舰队和武装军队以及资助探险者为君主发掘新的领地，因此，重商主义理论是一个支持君主统治的理论。

重商主义以鼓励出口限制进口这一基本概念而出名，基于这个观点，出口和进口被看作是同一事物的两个方面，由于国际贸易的出现和发展，他们意识到了出口商品到国外能获得更大的利益，这便促使了国际贸易的发展。但重商主义是建立在"零和博弈"理论上的——即在一方（进口者）受损的同时另一方（出口者）获利。然而事实上，从本质上来看，贸易的结果使市场扩大，不管是进口公司还是出口公司，是消费者还是国家，都能从进口中获利。所以，重商主义理论是站不住脚的。尽管在那个时期，重商主义理论有着绝对权威，君主的利益和统治得到巩固，国家的经济也发展了。但是由于在鼓励出口的同时，对进口的限制损失了广大消费者的利益，所以，对社会的全面发展起了限制作用，这种理论的权威地位也就逐渐没落了。

然而近期该理论再度流行。近年来国际贸易理论作为一种"零和博弈"的理论，再度受到新闻媒体的热烈关注，它是民族主义者或贸易保护主义者们最喜欢的理论，他们认为，一个国家应在少量进口的同时，其政府应积极支持大量出口，以有利于这个国家在国际竞争中处于领先地位。例如20世纪90年代，美国政府在平面液晶电视（LCD）产品上保护国内厂商。出于对美国国家安全的考虑，LCD在军事上广泛应用。例如，在战斗机和轰炸机驾驶舱、大批战船、潜水艇、坦克显示器等，它的作用都十分重要。美国政府决定对进口LCD面板征收63%的税（反倾销税）。虽然国内LCD生产商对此非常满意，但是却激怒了美国电脑制造商，因为这个时候，不管是在国际市场上还是国内市场上，他们都在价格竞争上处于不利之势。同时，美国的便携式电脑也受到冲击，那些需要进口LCD面板来生产其产品（日用电器、计算器、医疗设备、控制面板及测试设备等）的公司同样感到不满。

2001年，美国政府对从韩国、意大利、日本及印度进口的钢铁征收了33%的税（也是反倾销税），此举使得美国的钢铁工业非常得意。然而美国一些生产行业，如摩托车、冰箱、火炉、厨房器具、建筑材料等，当然，还有那些美国钢铁工业的消费者都受到了冲击。在这之后，美国政府不得不应大量美国钢铁进口商的要求降低了关税壁垒。

绝对优势的劳动分工理论

重商主义的这种贸易理论曾停滞不前地持续了二百多年，在这期间，有三个很重要的因素发生了改变。首先，那些私人贸易商的贸易活动增长很快，使出口作为获得黄金资本源泉的君主们所具有的商业地位优势开始逐渐衰落；其次，工业革命开始了。为了让他们的工厂能获得足够的原材料，英国和其他一些主要的欧洲国家，在亚洲、非洲和新大陆建立了许多殖民地。在这些殖民地国家，他们能采购到大量的半成品原料，同时也为欧洲的消费者提供了大量的制成品。伴随着出口和进口的互惠互利，他们开始重新审视国际贸易关系的两面性；最后，在欧洲，要求从殖民地进口诸如糖、咖啡、茶叶、烟草、棉花、麻制品等的中产阶级队伍逐渐壮大。

▲ 亚当·斯密
（1723—1790）

1776年，亚当·斯密提出了一个理论，并且用这个理论来解释为什么国家之间会产生商品出口和商品进口。在《国富论》中，亚当·斯密阐述了他的绝对优势理论。

绝对优势理论是建立在劳动分工概念基础上的，劳动分工就意味着部分国家在生产某种产品时比其他国家更有效率。我们都明白，如果想要买咖啡，我们将会从巴西、哥伦比亚等国家购买，这些国家有着比诸如新墨西哥等地更低的生产成本；如果想要买橄榄，我们将会从西班牙、意大利或希腊等国家购买，在这些地方有着比诸如印第安纳州等地更低的生产成本。与此相类似，如果某个在世界上其他地方的人，想购买治疗癌症的药品或高科技铝合金，那么，这些产品来自美国的最好。以上的这些简单分析，都充分证明了绝对优势理论。

亚当·斯密指出，只要能通过劳动分工，从另一个国家进口更有生产效率的产品，而不是自己去生产，人们就可以过上更为优质的生活。随着这种贸易时代的来临，人们开始了和其他的一些人进行贸易往来，以从劳动分工中获得利益。这种通过专门化生产和贸易来获利的机制是一目了然的。如果美国人要花费比巴西人多出两倍的成本去生产咖啡，而巴西人也要花费比美国人高出三倍的成本去生产电脑，那么，他们都难能从产品生产的专业化分工中获利。结果是美国人应该自己生产电脑然后卖给巴西人并从巴西人那里获得咖啡。劳动的专业化使得他们双方都能获利。

这个理论的贡献是解释了为什么国家要从事商品贸易，此外该理论指出，贸易不是一种"零和博弈"交易而是一种"双赢"交易，其不足之处在于它假定每一个国家都具备某种贸易优势。

比较优势理论——贸易富国理论

比较优势理论是在绝对优势理论的基础之上发展起来的。它探讨的问题是：如果两个国家中的一个国家比另一个国家在所有的商品生产上都具有绝对优势，那么，贸易是否还会发生呢？同时贸易可否使双方同时获利？1817年，大卫·李嘉图阐述了这个问题，得出如下结论：即使一个国家在两种商品上都有着绝对优势，两个国家仍然都能从贸易中获利。特别注明的是，在两种商品上都没有优势的国家也能从贸易中获利。在着手对该理论进行更具体的说明前，下面的例子可以奠定它的概念基础。

假设你是某个拥有数百万资金跨国公司的国际发展部副总裁，你每年的收入有35万美元。你可以每年花两万

▲ 大卫·李嘉图
（1772—1823）

美元聘请一个新的助手。当然这个助手也是个很有能力的人，但是他仍然需要加强语言表达、文件处理、电子数据分析等方面的能力。事实上，你能以比他快25％的速度完成所有的工作。此外，通过你敏锐的商业洞察力和谈判技巧，你能为公司每年贡献大约500万美元的赢利。这样一来，在担任国际发展部的助手和副总裁上，你都具有绝对的优势（在这个领域，你助手的能力可以被忽视，因为你胜过他数倍）。那么，你的工作重心应该集中在哪一个方面呢？你能比你的助手做事快，而且那些任务也是应当完成的，这的确是个事实。然而，在这个企业的发展中，你的比较优势是担任副总裁这一职务能使你的企业赚得更多。因此，很自然的，你应该把精力放在企业的发展上。你获利了，企业也赢利了，因为你的努力可以使企业赢利，因此你也有钱去支付你助手的工资——助手也获利了！值得指出的是，你的助手和你相比，能力虽然不如你，但由于与你的劳动分工，你们两个不但能同时受益而且比各自单干都挣得多。从概念上讲，国际贸易中的比较优势理论和上面例子描述的十分相似。

比较优势理论的贡献是：即使一个国家在所有产品的生产上都没有绝对优势，但它仍然能从贸易中获利。这是一个十分重要的结论，它指出强国和弱国都会在国际贸易中获利，只是获利的多少不同。但这个理论也有几个不足之处，在这个理论里，运输成本被假定为零，同时这一理论假定同一产品不存在差异化。在这个理论中，也假定劳动力和原材料等资源因素，能自由地从一种产业流向另一种产业。该理论最大的不足之处就是假定一个国家的资源和生产力水平是一成不变的和静止的。然而事实上，通过教育工人、改变管理组织和机制、建立激励性的薪酬、实行减少人口等政策，是可以改变一个国家的资源结构和生产力的。另外，该理论并没有指出为什么在不同的国家会有着不同的劳动生产力。

动态比较优势理论

动态比较优势理论让我们在过去比较优势理论的基础上，去研究一个国家如何获得比较优势。这个理论指出比较优势可以通过改变以下因素而获得：①政府行为：例如，通过政府的教育培训活动来提高员工素质，或者政府给特定的行业以特定的支持；②自然资源的再利用：其中包括在生产过程中对新能源的发现，而使自然资源的使用量增加，也包括对再生的自然资源的循环利用；③吸引国外资源：最主要的是海外资本和劳动力的引入；④其他国家生产力的变化改变了贸易国之间的相对比较优势。

重要的一点是，比较优势可以自然发生，也可以在政府的支持下建立起来。在国际贸易中，注重政府作用的理论是"贸易战略"理论。这是一个基于政府保护主义的贸易理论，以抵制那些具有世界优势的工业，或者至少可以让那些竞争力不强的民族企业争取时间在政府的保护下得以成长壮大，以避免在萌芽状态遭受来自国际竞争的生存压力。一个典型的例子是空中客车公司发展壮大的历史。该公司建立于1970年，是一家由英国、法国、德国和西班牙的飞机制造商和政府参与共同运营的航空公司。当时，欧洲共同市场为了打破美国波音和麦道公司在世界商用飞机制造的垄断地位决定联合起来。波音和麦道公司是当时全球商用航空制造业的领军者。欧洲政府不想让美国公司继续控制和支配航空业，特别是在民用航空技术和军用航空提供技术的转移方面。第二次世界大战以后，美国控制了军用航空领域，使其可以将军用飞机的机身或引擎技术转让给美国民用航空公司，以至后者控制了世界的民用航空市场。这样也使美国军用航空公司保持低价优势，因为当他们出售民用航空飞机时，他们的发展研究成本已经得到回报。值得指出的是，这也是一种变向的补贴行为。

欧洲政府也想通过低成本竞争优势，与美国航空公司竞争世界飞机市场，为此而发展飞机工业。此外，欧洲政府不想依赖美国企业去为本国政府所有的航线提供航空服务。他们认为，欧洲国家的航线都应该购买欧洲制造的飞机。最终，一个欧洲国家联合经营的航空公司诞生了，并雇了37 000名欧洲人。20世纪60年代，欧洲政府对经济的干涉比现在力度要大得多。英国、法国、德国及西班牙政府组成了强大的产业同盟，并且成立了空中客车制造公司，逐渐从美国飞机制造公司手中抢生意，到1990年的时候，全世界超过1/3的飞机制造订单都到了空中客车公司手中。一位美国商务部官员声称，从1970年到1990年，为了保持空中客车公司在市场中的生存，欧洲政府给予了相当于250亿美元的补贴。空中客车公司和欧洲政府反驳道，从1960年到1988年，美国商用和军用飞机制造商从政府获得的间接补贴也高达230亿美元，这些补贴都是以军事产品的研发和生产支付形式给予的。不管你认同哪一方的说法，事实上为了使国内公司更具有国际竞争力，双方政府对贸易确实都进行了干预。

各国的比较优势理论

迈可·波特的国家比较优势理论基本上融合了比较优势贸易强国理论和政府干预的思想。波特认为，来自某一国家某一产业的公司，能否成为全球范围内的主导产业公司，其决定因素有很多，但这些因素主要可以分为四类和

▲ 迈可·波特(1947—)

两个附加条件。四个主要因素为：①需求条件；②生产要素条件；③产业内竞争条件；④相关产业支持力度。两个附加条件为：①政府的产业政策；②由国际大环境发展为本国这个产业所带来的机遇。

如果一国的某一产业要具有强大的国际竞争力，那么，在其源发国：①在需求方面，本产业应具有希望以最低的价格购买最高质量商品的巨大消费者市场；②在生产要素上，它应具备高素质的劳动力、资源、土地资本等生产资料市场以及严格规范的金融市场和良好的交通运输等公共商务设施；③相关产业发育良好，使它可得到益于发展的强大相关产业支持；④在竞争环境上，国内凡从事这个行业的公司在竞争中一定要依靠各自的战略和结构，创新优势，相互自由竞争。

政府的影响力是支持以上各类因素的附加条件。与贸易战略理论家们的预想相比，波特阐述的政府扮演了一个完全不同的角色。从波特的观点看，政府只需站在幕后帮助国内产业和国内公司，为职工提供良好的教育、完善的金融基础设施和监管权力机构、完整的消费者权益保护法和良好的竞争环境，允许最优秀的产业和公司在这个平台上自由竞争优胜劣汰。当然，国际市场的机遇和各国之间的博弈和较量的布局也很重要。

根据动态比较优势理论，在某一产业上的比较优势，从一国向另一国的转移是动态的。例如，现代造船工业的发展，在过去的150年里，工业重心由德国转移到英国，又转移到美国，转移到日本，转移到韩国，转移到中国。这些转移的原因，是排在后面的国家比前面的国家具有更高的劳动生产率。当前的经济趋势是：销售和工作机会正在越来越快地被国外市场抢走，重新训练员工进入新兴产业高薪职位的速度远不如外国劳动力市场的抢夺速度。如今在德国、英国、美国或日本，造船贸易的发展情况几乎没有什么不同，仅因为韩国和中国的造船工人的劳动生产率要高得多，便导致西方造船业的萎缩。

跨国公司将工作出口到了国外，然后社会向政府寻求帮助。有趣的是，很多人重新参加岗位培训，竞争上岗的都是不受出口影响的服务部门职位，如护士和教师等。但是由于这些地区的培训需求超过了当地的培训供给能力，致使很多申请人得不到很好的培训。如从2001年5月至2003年5月这两年间，美国失去了200万个制造业工作职位，但同时在护理业和教育部门增加的100万个新工作职位还是不足以抵消社会失去的工作职位。

有一个要点很值得注意，除了传统制造业的蓝领工作，大多数工业化国家的白领工作，像客户服务呼叫中心、会计、投资分析、法律文档管理、管理咨询、市场分析、X光透视分析等也正在不断出口。很多白领去了印度，因为那里的人说英语，并且大多数受过良好的教育（尤其是在数学和工科方面），而且相对于美国来说，那里的雇员成本相当低。事实上，有很多印度公司向美国公司提供服务，并且通过语言培训计划，使他们的职工消除印度口音，这样可为发达国家的顾客提供更好的服务。

从贸易理论的发展，可以看出国际贸易与一个国家发展的重要关系。各种理论普遍承认政府干预的影响。问题在于，在哪些方面政府应该参与干预（是采用贸易战略直接干预，还是借助国家比较优势理论进行间接干预）以及政府干预的力度。现实中在各国不同的经济发展阶段，政府都在不同的程度上进行了干预，如大力干预的法国和瑞典以及较少干预的美国和英国。但是只要政府选择了自由贸易政策，为了保护社会稳定，政府就必须帮助那些由于低价进口或海外出口而失去工作机会的人们。

国际贸易和国计民生

国际贸易是强国之路吗？

综上所述，相对的比较优势和国际劳动分工使每个国家能更好地发挥自己在国际市场上的优势。这样自由贸易不再是一种"零和博弈"，而是把全球的市场愈做愈大。从个人的消费来看，我们生活上的选择空间也大了。比如中国在改革开放以前，全家一块肥皂又要洗衣，还要洗澡、洗头发和做其他的事情。改革开放之后，各种用途、各种品牌、各种产地的洗涤产品摆满了家里的厨房和洗手间。从世界的发展层面来看，自第二次世界大战到现在的这段时期，世界商品贸易增长在世界GDP中所占的比例一直都在持续上升，从1950年的11%到2007年的50%以上，增幅高达4倍多（见图3.3世界商品贸易占世界GDP的百分

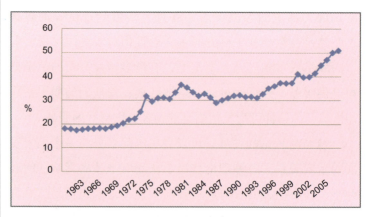

图3.3 世界商品贸易占世界GDP的百分比（1960～2007年）

资料来源：世界银行

比）。一个国家对外贸易占GDP的比例日益增加，是全球化进程的关键尺度。第二次世界大战以来，世界上发达国家的贸易一直比发展中国家增长得快，但图3.4商品和服务出口占各国或地区GDP的百分比显示，自20世纪80年代以来，亚太地区，特别是中国的增长速度大大超过欧元区的增长速度。

图3.4 商品和服务出口占各国或地区GDP的百分比

资料来源：世界银行

随着新兴市场国家贸易的飞速增长，我们可以看到，发达国家在世界贸易上的相对比重正在日趋下降。新兴贸易市场上的这一巨大增长，很多都是来自一些本地公司的发展。中国的联想、海尔、中石化和中石油等公司便是很好的例子；恩布雷斯尔（Embraer）是巴西的一家中型飞机制造商，它迅速发展成为了世界商用飞机制造的新星；克麦克斯（Cemex），墨西哥的一家公司，是世界上产量最大的水泥公司；世界上60%的主板。48%的调制解调器和大约1/3的笔记本电脑，都是由宏基（Acer）中国台湾这样的计算机公司制造的；韩国汽车制造商，例如现代

（Hyundai）和大宇（Daewoo），在过去40年里，在世界机动车辆市场上的实际占有份额，一直都有持续性的增长。同样，最不发达国家贸易上的某些增长，也来自于跨国公司利用当地有比较优势的子公司。在下一章，我们将从国际投资和国际生产的角度对这一点进行更详细的讨论。

一项最近的研究显示，贫穷国家中全球化程度比较高的（以GDP中出口所占比例来测量）国家，其人均GDP增长的速度比富裕国家要快。从韩国和加纳两国间的经济政策以及经济增长结果对比的案例可看出，在1960年，加纳的人均GDP实际上是高于韩国的人均GDP的，以180美元对155美元。但是，后来韩国选择了出口导向贸易政策，而加纳仍然只是将它的目光集中在其国内的狭小市场上。到2000年的时候，韩国的人均GDP达到了10 890美元，而加纳的人均GDP只有254美元。从那以后，加纳对其国内经济实行了开放政策，人均GDP很快上升到了409美元。这个例子的寓意是，更大的贸易量能带来更高的经济发展水平。

大量研究表明，自由贸易有助于实际人均GDP的增长。加入国际经济行列，并且有效利用了国际分工优势的国家，拥有较高的经济增长率。特别是在最不发达国家中，那些在国际贸易中表现比较活跃的国家，他们的经济增长率不仅高于那些在国际贸易中表现不那么活跃的最不发达国家，还高于一些工业国家。研究还发现，贸易伙伴之间的平均收入日趋同化，这将有利于帮助那些后来赶上的不发达国家。因此，自由贸易确实在实践中使国家强盛，至少在国家经济增长这个方面。

自由贸易强国但也富民吗？

目前也有大量研究认为，虽然从整体上看，全世界各国都从自由贸易中获得了不少利益，但获利的同时也导致了一些国家内部收入增长不均。自由贸易导致了大量进口替代行业的工人的实际工资率下降，而出口行业工人的实际工资率上升。因此，国民人均GDP和国民人均收入的任何上升，相对来说实际上多是指那些与出口行业相关企业雇员的收入增长。而其他产业的工人实际工资相对来说是下降的。因为进口替代行业的部分失业工人必须去竞争那些以国内市场为对象行业的就业机会。这样在生产率和总就业不变的情况下，导致非出口行业工资的下降。任何人都希望自由贸易是使大多数人获益，而不是只富裕了一小部分人，由此看来，自由贸易对一个国家的经济发展是否有帮助，不单单要从国家的整体来考虑，还要从一国大多数人民是否受益这个范围来看。

让我们来看看美国的情况，很明显，美国的贸易和GDP多年来都是呈现上升趋势。这符合贸易强国的观点。但当我们看美国的收入分配时，最富裕的那25%人口相对那75%的人来说正在变得越来越富，而这也符合了目前大多数较发达国家的基本状况。从1970年到1998年将近30年的这段时期里，美国最贫穷的那20%人口的收入增长总共只有7.3%，或者说年均收入增长只有0.2%。而最富有的那20%人口的收入增长是他们的7倍，即51.1%，或者说年均收入增长是1.4%。因此，美国的整个国民收入虽然普遍增长了，但是，收入差距却拉大了。事实上，在过去这些年，美国最富裕的那5%人口在国民收入中所占的份额已经由15.6%上升到了20.8%。图3.5基尼系数1970～2000年的变化显示，美国的基尼系数也从1970年的0.39上升到2000年的0.46。

继改革开放以后，中国人民的生活水平大幅度提高并且使两亿人脱贫。这是中国历史上没有过的，也是世

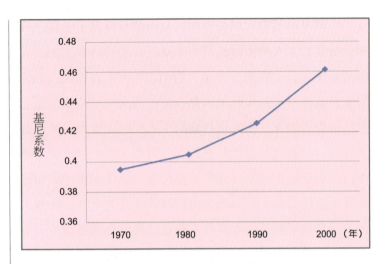

图3.5 基尼系数1970~2000年的变化

界历史上的奇迹。但同时，中国的发展也伴随着收入不平等的现象。

综上所述，贸易总的来说使一个国家的整个国民收入提高了，经济发展了。但是自由贸易所带来的收益对每一个社会成员来说并不是平等的。特别在有些情况下，会使一部分人受益，而使另一部分人受到伤害。正因为这样，纯粹的自由贸易是不存在的也是不现实的。从发展中国家进口的大量纺织品使得美国许多的纺织工人失业。而这些人的再培训和转到其他行业的过程不但需要时间，而且在很多情况下由于他们的年龄和教育水平这几乎是不可能的。所以，就产生了贸易保护主义。

贸易保护主义和发展中国家

从工业革命以来，西方发达国家一直认为自己是自由贸易主义的倡导者。但伴随着中国和印度等国家在21世纪的崛起，西方的社会舆论和社会却变得惧怕自由贸易主义了。一项世界的民意调查显示（见图3.6各国收入与其对自由贸易政策支持力度的关系），收入愈高的国家对本国

自由贸易主义政策的支持力度愈低。正如前面所讲，自由
贸易可能造成本国出口行业的工资大大超过进口行业的工
资。但同时，由于自由贸易主义的全球化，开始打破了国
与国之间同工不同酬的局面，从而使世界进入一个全球范
围内的工资收入大调整时期。速度之快来势之猛，使"中
国价格"成为了美国大众传媒上的洪水猛兽。例如，一位
中国或印度的软件工程师的生产效率和美国加州硅谷的工程
师能力是差不多的。何况大多数美国的工程师本来就都是移
民，很多就自中国和印度。可是在美国工作的软件工程师的工
资要比在中国和印度工作的软件工程师高得多得多。由于劳
动成本的巨大差异，导致了软件服务行业对外贸易的大量提
高！结果是美国的软件工程师的工资比没有服务贸易之前上升
得慢了或反而有所下降。而中国和印度软件工程师的工资由
于海外需求的提高而大幅度上升。仅中国和印度来说，其人
口占世界人口的1/3还多。中国和印度每年毕业的大量工程和

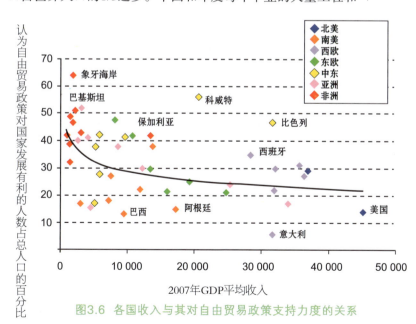

图3.6 各国收入与其对自由贸易政策支持力度的关系

资料来源：英国PEW民意调查组织

自然学科的学生为世界经济提供了数量可观的高级脑力劳动者。在这样短期内流入这样大量的高端劳力将造成世界经济史上史无前例的工资收入大调整。这不但是一个经济问题，同时也是一个国际政治问题。在西方国家内部，各国政客一方面要向他（她）的选民作出高工资和不失业的许诺，另一方面在外交政策上要为其发展争取更多的空间和尽力保持其多年的在世界上的垄断地位。而发展中国家在世界上经济和政治地位的大大改变，也大大增加了在国际贸易谈判上的筹码。不可避免的是，国际贸易的摩擦也增加了。

世界贸易谈判的障碍和焦点问题

世界贸易组织的历史和它的运行

世界贸易组织（WTO）的前身是关税与贸易总协定（GATT），成立于1948年。GATT的目标也就是今天的WTO（于1995年1月1日建立）的目标，即鼓励世界贸易发展。最初，这一组织的建立是为了降低各国贸易壁垒，避免由于20世纪30年代的大萧条而导致的各国间相互建立惩罚性关税壁垒和导致第二次世界大战爆发的诱因。第二次世界大战刚结束时，工业产品的平均关税为45%~50%，50年后下降到了3.8%的平均水平。在制成品关税降低的同时，全球化和科技革命把商品贸易扩展到服务领域。所以，人们的焦点就转移到了妨碍国与国之间贸易流动的其他因素上。例如，服务业的贸易限制、人权、维持生存的最低工资、环境、农产品补贴、知识产权和与贸易有关的外国直接投资的限制等。

2001年11月多哈回合谈判在卡塔尔的多哈市召开。这个回合最关注的5个焦点问题是：农产品贸易、服务业贸易、来自最不发达国家的商品市场准入、知识产权贸易相关的方面（被称为TRIPS）和外国直接投资问题。贸易和环境的相互关系虽然在议题表上排在很后，但也是一个很值得思考的问题。因为环境和一个国家的发展程度相关，所以很难用一把尺子，不顾历史条件地把发展中国家和发达国家都放到一个天平上。

富裕国和贫穷国对WTO该如何运作本身也存在着很多较大的分歧。站在富裕国的角度来看，他们为WTO提供了基金（例如，美国支付了WTO总运作预算费用的30%），但他们却和不用支付一分钱的国家一样只有一票选举权。这使他们有一种被利用的感觉；站在贫穷国的角度来看，富裕国经常让他们承受使富裕国获益的政治和经济压力，甚至被迫接受不合理的条件。正因为世界范围全球贸易谈判的困难，导致各国寻求区域性和双边贸易谈判的途径来争取通过区域和双边合作扩大本国的进出口市场。

今日贸易的一些新问题

农业产品的贸易：发展权利的问题？

目前贸易中最具争议的问题之一就是关于农业产品的贸易。大家都知道，农业发展是一个国家工业化的前提，所以对发展中国家尤为重要。但是正如第二章中美国棉农的例子所述，因为历史的原因，发达国家特别是越富裕的国家，对其农民的补贴越多。这有三个原因：①历史上这些国家代表农民利益的势力一直在政府内很强；②保护农业有助于保护和维持一个国家的传统生活方式和文化；③有助于民族安全。发达国家不愿意完全依赖于其他国家的食物进口。因此，他们给农民补贴是为了让本国农民能继续在世界经济中参与竞争。例如，欧盟每天以每头牛补贴大约两美元的价钱给其国内农民补贴。而很具讽刺性的是，世界上大约有45%的人口正生存在两美元一天或更低的水平线上。

多哈回合和坎昆（Cancun）谈判失败的一个关键原因是，较发达国家拒绝在降低他们的农业贸易壁垒上作出实质性的努力，尽管他们不断承诺去这样做。农业贸易的壁垒有两种：第一种是关税和进口配额壁垒。高进口壁垒有效地切断了发达国家市场上来自最不发达国家农民的农产品。最不发达国家在农产品上具有比较优势，但是由于人为的关税壁垒和配额壁垒，他们无法靠农产品出口来积累资本；第一种是政府补贴壁垒，它使得发达国家的农民能够在国际市场上廉价销售农产品，击败最不发达国家的农民（读者也许还记得在第二章开头提到的美国棉农的情形）。据估计，富裕国每年以补贴和税收的方式给其农民的资金高达2 350亿美元。给每个农民的补贴排名，从新西兰的每年1 000美元到美国的每年16 000美元，从欧盟每年的17 000美元（平均情况）到挪威每年的45 000美元。与世界上贫穷国家的平均人均GDP的430美元相比较，这些补贴有效地帮助了发达国家的农民在世界很多市场上进行低价倾销，由此伤害了最不发达国家的农民利益并断了他们的生路。印度这几年棉农大量自杀就是一例。

辩论双方各说各的理。全球所面对的问题是如何使具有比较优势的最不发达国家的农民赢得他们的市场，同时也保证发达国家的利益。

服务贸易：白领工作全球化的问题？

如第二章所述，科技进步使服务贸易发展迅速。在工业化国家的GDP中，服务贸易占了2/3，高达80%。服务贸易的内容包含很多种类，有汽车维修、医疗、电脑服务等。从更广泛的范围看，服务行业还包括金融服务（银行业、投资、保险等）、交通运输、电信、公共卫生、酒店/汽车旅馆、所有的维修业、娱乐和消遣、健康、教育、社会服务、设计、会计工作、建筑、研究分析、管理和其他查询、私人服务。简言之，服务工作或白领工作的全球化对发达国家威胁很大。

国际服务贸易没有污染、知识含量高、收入也高、大多是白领工作。所以，涉及一个国家的中产阶级。中产阶级在经济上和政治上要比蓝领工作全球化时（在经济上特别是政治上）更为敏感。为此，美国各州政府为了保护服务业颁布了一系列法律，使外包服务变得更难。在威斯康星州，法规还禁止州政府与把工作搬到海外的公司做生意。为了挽留8个工作职位，威斯康星州花费了80万美元。政府的政策也许可以减缓贸易全球化的速度，但是不能改变整个大趋势。

人权、劳动者权益和环境问题

伴随着贸易的发展，人权、劳动者权益和环境问题这些话题现在越来越受到关注。争执主要发生在富裕国与贫穷国之间，焦点集中在国际上贸易商品生产应该使用什么样的标准。世界上一些较富裕的国家，针对人权问题（例如，最低工资水平、一周工作时间长短的规定、工厂安全标准等）以及在环境问题（例如，企业采取有效措施降低污染的法律条文），制定了一套相对高的标准。在很多事情上，

▲ 贸易全球化和发达国家的白领工作机会出口
《美国商业周刊》（2003年2月3日）的封面

贫穷国的标准则低一些。这些差异导致了争执的升级。而在较贫穷国家按照较低标准生产的商品，其成本也相对较低——低工资、低利润、低安全费用和低降污费用，这就意味着他们可以以低于富裕国生产商品的市场价格售出他们的产品。

因此，富裕国的政府和工人，通常反对这种在他们看起来是不公平的竞争，贫穷国则以他们自身的标准和与目前所处经济发展阶段相适宜的理由来维护这种差异的合理性。更进一步说，富裕国在他们自己的工业历史早期阶段，都有过这样相似的低标准。所以，现在的美国、英国、法国都应该因曾雇佣黑人奴隶和童工而受到谴责，这些国家现在的经济繁荣，是建立在（至少部分是因为）使用奴隶、童工和罪犯劳动力的基础上得来的。同样的，所有的富裕国都受益于过去这种在今天看来是剥削工人的工作方式（包括一周工作六天或七天，没有加班工资，没有罢工权，危险的工作条件），并且造成了大量污染。

从逻辑上看，贫穷国自然会问，为什么他们不能按同样的方式发展自己国家的经济呢？富裕国的人民反驳道，现在他们已经深刻认识到了问题的严重性并改进了他们的标准，要求所有国家都应该按照相同的标准来执行，原因有两点：①他们认为在道德上这样做是正确的；②因为如果其他国家的企业没有采取这种同样的方式保护人权、劳动者权益和环境的政策和程序，富裕国企业将处在一个不利的地位。但是，对于一个希望继续保留制作地毯这份工作的印度儿童，或是对于一个出于购买降低污染设备，以满足富裕国要求，而必须被工厂老板辞退的墨西哥工人来说，这些论点并不具有说服力。

最后，我们又回到了这个相互对立的位置上来：富裕国要求所有的国家都遵守一套共同的标准，贫穷国则希望走富裕国过去曾经走过的同样的经济发展道路。或者说，他们希望获得经济援助，帮助他们避免富裕国过去有问题的经济发展路线。例如，当富裕国严厉谴责马来西亚前总理马哈蒂尔允许森林砍伐的时候，他表示，他并不想这样做，但他需要收入；如果富裕国出于保持物种丰富的理由，希望马来西亚将森林留下，那么，他们应该向马来西亚支付一笔费用来挽救森林。

贸易和知识产权法问题

在当今贸易中，存在严重分歧的另一个主要问题就是知识产权法问题。知识产权包括发明（既包括发明的产品也包括产品的生产过程）、文艺领域（游戏、书籍、电影、音乐、绘画、雕塑等）和花费了时间和金钱确立的商标和品牌等。为了允许发明家或艺术家能够从他们的努力中获取一定的利益，政府可以保护知识产权。他们通过专利（保护发明）、版权（保护文艺事务）、贸易商标和品牌保护知识产权。很多事项都与WTO《与贸易有关的知识产权协定》（TRIPS）下声明的知识产权法有关。很不幸的是，最不发达国家中几乎有一半没有出席WTO，因此，在TRIPS谈判时，这实际上并没有代表他们的利益。

关于知识产权法的分歧主要有两大分支，富裕国和贫穷国各代表一方。第一大分歧是关于富裕国企业，他们抱怨贫穷国政府对他们的知识产权保护不足。例如，电脑软件、音像制品和假冒伪劣产品使企业花费了几百万美元建立的商标形象承受市场上盗版带来的损失。

在大多数情况下，最不发达国家的企业是按照本国法律使用其他国家的知识产权的。在一些国家，第一个注册某项知识产权的人（可以是个人，也可以是公司）拥有这项知识产权的法律权利，不管它是不是这个人发明的。而在其他一些国家，第一个使用这项知识产权的人拥有这项知识产权的法律权利，不管他们有没有发明或注册。一个著名的例子，是发生于20世纪90年代中期南非的麦当劳名字归还案，南非一家当地公司，将麦当劳的贸易商标注册使用后，麦当劳公司要求归还其商标名称。同样的，当一些在美国的日本企业家在日本注册了万宝路商标后，菲利普·莫里斯不得不支付一大笔钱赎回他的日本万宝路商标。最近的一个例子是，俄罗斯的一个商标占有者注册了星巴克这一商标后，要求星巴克公司向他支付巨款，以换取其公司在俄罗斯使用星巴克这一名称的权利。

另一种论点认为，在国际环境下，减少各种各样的知识产权法是有利的：今天的工业大国在其发展的初期，世界上所存在的法律条文没有今天这么多，结果促进了竞争并带来更大的发展动力。因此，为什么今天的最不发达国家不可以走过去发达国家走过的老路呢？另外，最不发达国家的企业还必须再一次面临更艰险的情况。

关于知识产权法的第二大分歧与贫穷国政府有关，他们抱怨富裕国的跨国公司对最不发达国家进行剥削。其中一方面是富裕国的跨国公司从贫穷国窃取知识产权。例如，一些最不发达国家的政府起诉美国和欧洲的制药公司，从他们国家的传统药材或者从那些只生长在贫穷国家的植物中提炼制造专利药品。根据最不发达国家政府所言，制药公司的繁荣是以牺牲那些属于最不发达国家人民的权利换来的。

最不发达国家政府指责富裕国的跨国公司在他们国家销售他们的商品时，将利润放在首位而不顾人民死活。最大的争论热点是，是否保护治疗艾滋病药物或者禽流感这些制药公司向发展中国家索取的药品价格，远远超出了发展中国家的支付水平。事实上，这一指控不仅仅是针对制药商，还包括其他药品供应商和农产品（种子、化肥、杀虫剂、农业机器等）供应商。制药公司则声称如果他们想继续研制新药，就必须收回成本。但是公众的压力使得制药公司不得不作出一些让步，特别是在疫情危机时期。

贸易与外商直接投资

外商直接投资将在第四章进行详细讨论。本章仅涉及与贸易有关的外商直接投资问题。例如，将一家公司的商品卖到国外有两种途径：一是出口；另一个就是在那个国家建立产品制造工厂，直接在当地销售。另外，即便不是为了在国外销售，也可以在外国生产然后返销回自己的母国。因为与贸易的紧密关系，直接投资已经受到了WTO和其他对贸易感兴趣的组织的关注。

由于吸引跨国公司在本国建厂意味着增加就业机会，而就业机会增多就意味着政府官员的选票增加，所以，官员们通常给跨国公司提供了很多优惠的条件。这样各个政府为了吸引外资而产生了竞争。这不仅仅是最不发达国家的一个问题。例如，美国阿拉巴马州政府和地方政府一共花了25 300万美元（每个工作机会可以创收169 000美元）去吸引奔驰在阿拉巴马州塔斯卡罗萨县设厂。优惠政策包括极为便宜的地价、培训工人（花费了4 500万美元的费用）外加20年的免税和减税的政策优惠。在奔驰车厂决定选择美国之前，可供考虑的其他国家还有很多，在选择阿拉巴马州之前可供参考的美国州也有很多。简言之，这是为奔驰车厂打的一场投标战。阿拉巴马州政府用来吸引奔驰车厂的条件，比南加利福尼亚州用来吸引宝马公司的条件高两倍多，南加利福尼亚州只是给宝马公司提供了其每个创造了的就业机会73 400美元的条件。WTO以及其他有关的组织希望制止这种竞标行为，因为最不发达国家在吸引外商直接投资的投标战中，通常是无力与发达国家竞争的。

贸易全球化和中国

贸易全球化和国家经济独立

中国重返世界经济舞台，加入了国际分工的大洗牌，打开了世界对中国的商品和劳动力的需求市场。这一切增加了中国的就业机会也提高了中国商品的价格。如历史上靠贸易发展的大国一样，中华民族开始复兴。同时与锁国政策所不同的是，中国对国际市场的依赖程度特别是对欧美市场的依赖也日益提高。如图3.7对国际市场的依赖程度

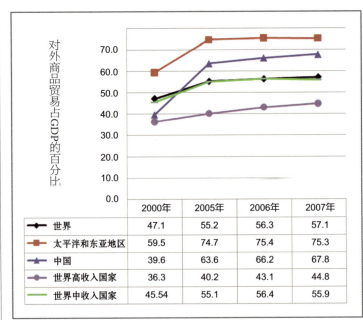

	2000年	2005年	2006年	2007年
世界	47.1	55.2	56.3	57.1
太平洋和东亚地区	59.5	74.7	75.4	75.3
中国	39.6	63.6	66.2	67.8
世界高收入国家	36.3	40.2	43.1	44.8
世界中收入国家	45.54	55.1	56.4	55.9

图3.7 对国际市场的依赖程度

资料来源：世界银行

所示，中国对外商品贸易占GDP的百分比在很短的时间里从无到有，仅过去7年就从39.6%上升到67.8%。2008年世界金融和经济危机对外向型经济为主的中国一些沿海和亚太地区的严重负面影响正说明了这一点。

应对的策略不是在扩大内需市场的同时有意地减少这个比例，而是培育和发展区域性市场，开发发展中国家和新兴国家的市场，以减少对欧美或某一个市场的依赖。另外更重要的是，从中国制造的模式转为中国创造的模式，从劳动力密集向知识密集的产业转型，从生产价值低的向生产价值高的产业链部分转型。以科技领先来争取经济独立，避免回到"自力更生锁国政策"的老路上去。

贸易全球化和产业升级的关系

回顾前面讲的比较优势贸易理论中一个很重要的结论是：即使一个国家的所有产品都没有绝对优势，但它仍然能从贸易中获利。也就是说，贫穷国家和富裕国家作为贸易伙伴是双赢的。但必须注意贸易所产生的附加利润的分配是不平等的。在前面殖民主义的后遗症一节中，读者可以看到当一个国家的出口价格低于其进口价格的时候，外贸反而对一个国家的经济发展不利并且有害。从21世纪以来，与美国和出口大国德国相比，中国的贸易条件指数是下降的。如图3.8贸易条件指数比较所示，由于最近几年能源和原材料进口价格的上升，各国的贸易条件均有下降，但中国的情况很值得关注。趋势表明，中国5年以来的平均进口价格一直大于平均出口价格，贸易对中国经济发展的总体推动作用成了一个问号。

国内有的学者认为，通过贸易中国向西方发达国家财富"输血"，搞不好中国就会重新沦为西方的殖民

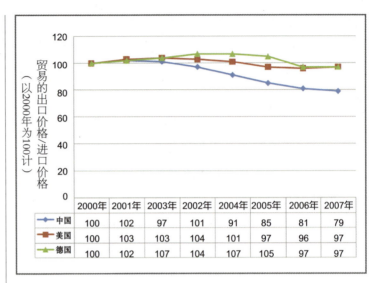

	2000年	2001年	2003年	2002年	2004年	2005年	2006年	2007年
中国	100	102	97	101	91	85	81	79
美国	100	103	103	104	101	97	96	97
德国	100	102	107	104	107	105	97	97

图3.8 贸易条件指数比较

资料来源：世界银行

地。这有一定的道理。以美国市场上来看，中国出口产品价格之低近乎于白送。外贸利润的大部分被外商拿走。由于大部分有名的国际品牌都掌握在外商手中，外商有先入为主的优势。而作为后者的中国很多企业是贴牌生产，所以产品的利润大都进了外商的腰包。中国出口的服装、袜子、箱包、鞋子和玩具的利润都被外商国际品牌的垄断地位赚走了。中国加入世贸组织5年来为西方发达国家的家庭节省了一笔可观的生活费用。到目前为止，每个国家在工业化的起步阶段，都要经过一个马克思笔下的残酷资本积累阶段。这个学费是昂贵的。当年的美国作为英国的殖民地也付了这个学费并经历了大约半个世纪的时间。从贸易双赢来说没有错，但是从用贸易促进经济发展的理论来说，这个道理是有限的。试问在全球化的今天，作为贸易方的贫穷国家，用什么途径可以在最短的时间内缩小这个差距？更进一步说，中国如何能够借鉴其他国家的发展经验来缩短这个过程和减小其弊端呢？

在缩短过程方面，回顾上面所讲的迈可·波特的国家的比较优势理论基本上融合了比较优势贸易强国理论和政府干预的思想。问题的核心在于：哪些方面政府应该参与干预和如何干预（是采用贸易战略政策直接干预还是借助国家比较优势理论进行间接干预）？政府干预的程度应该有多深？总之，中国产业升级势在必行，创立国际品牌势在必行。政府经济政策要为加速中国的产业升级、协助企业和地方创立国际品牌创造条件。

从减小弊端来说，贸易对一国的资源、环境和劳动者的待遇的长远影响是不可忽视的。贸易和商业活动的短期寻利行为以及市场对资源和环境的外延效益失效，决定了社会、公民、媒体和政府对市场监管所扮演的必要角色。不要以为市场机制是万能的。中国是世界上三个能源消耗最高和污染最严重行业的生产地：水泥、造纸和钢铁制造业。在中国成为世界制造大国的同时，中国的生态环境和资源也付出了极高的代价。也许这个代价很难反映在现在出口的价格上。但我们的后代将继续生活在这块土地上，这样的发展是以牺牲我们后代人的利益为代价的。另外，以劳动力密集和低成本为国际竞争优势的商业模式，导致了中国血汗工厂的出现。虽然这些血汗工厂在工业革命初期起到了资本积累的积极作用，但并不是可持续发展的模式。读者也许还记得，在第二章中，福特不但创造了大规模的生产模式，而且他要他的工人能买得起福特生产的汽车。福特本意是扩大汽车市场，为自己的产品找到一个可以持续的买主市场。但他可能没有意识到，当时这是一个资本主义发展历史进程中革命性的举动。他把工人从生产成本转变成消费者，从而为美国中产阶级的形成创造了条件。不但培育了美国巨大的内需市场而且挽救了马克思笔下资本主义必然灭亡的命运。在21世纪的今天，贸易发展不但要强国而且必须要以富民和为子孙后代造福为准则。

贸易全球化和国强民富的关系

改革开放30年，中国的平均收入提高了9倍（见图3.9 中国的平均收入）。但贫富的差别，按基尼系数计算，也增加了10%（见图3.10中国收入的不平等情况）。这是因为对外贸易拉大了出口外向型企业与进口替代型企业之间的工资差别，拉大了沿海与内陆之间的收入差距。同时市场经济的实行意味着，资本、技能、创意，特别是将知识变成商品的能力可以迅速地增加个人收入。而没有这些条件的人日子就不太好过了，特别是市场经济打破了社会保障的机制。当然没有国家的发展是绝对平衡的。但中国的贫富差距高出了亚洲发展中国家的平均水平，按世界银行的数据，甚至高于印度。贸易全球化给一个国家的发展带来了机遇。但我们知道，各个国家在国际市场上的比较竞争优势在贸易全球化的推动下会频繁和迅速地洗牌。换句话说，没有一个国家可以绝对垄断一个行业或在某个领域有绝对永久优势。中国劳动力密集的制造优势也会被明天的越南、老挝或其他发展中国家所取代。所以，在贸易全球化的大趋势下，政府的普及教育政策、社会福利政策、失业后的社会救助和培训变得比改革开放前更重要。总之，贸易全球化要注意使社会上更多的人受益。

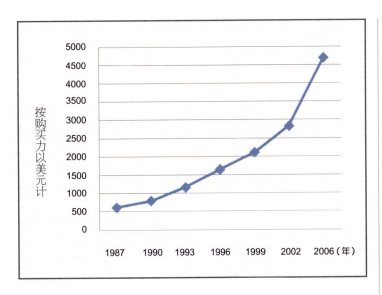

图3.9 中国的平均收入

资料来源：世界银行

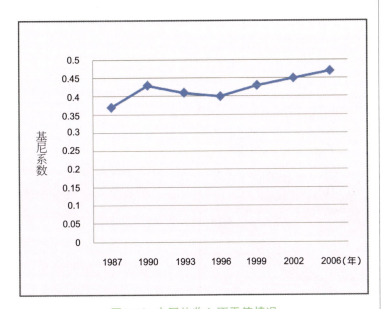

图3.10 中国的收入不平等情况

资料来源：Loren Brandt、John Giles、Wang Sangui，2005年7月

Gustav Ranis、Frances Stewart，2006年9月

案例：在我们身边残酷的血汗工厂：难道这是发展的必由之路？

我的名字叫泰地佑·奥娄斯基，我是最近刚从SGH毕业的学生，SGH是我家乡波兰一所名列前茅的商业学校。一年以前我曾到美国参与一个"工作加旅行"的项目，这个项目允许外国学生在暑假期间给美国公司打工。因为我打算在不久的将来自己开家公司，这个工作既能让我赚到钱，也能给我实践的经验。因此在别人度假的时候，我决定开始在美国工作。我想，这将是一个冒险。我希望通过阅读市场管理方面的美国书籍而获得理论知识，从打工获得实践经验。尽管我知道很少有企业完全按照课本上所说的那样去经营，但我认为美国的经理虽然对雇员要求高，但总是能公正地对待下属。我理解公司在一个激烈竞争的市场环境下运行，期望员工在任何时候都要努力工作，我尽我最大努力准备就是了。

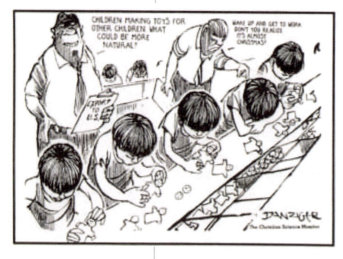

▲ 生产线上的童工

我的新雇主是美国东部沿海一家大的食品杂货批发公司。我的工作地点是一个冷藏仓库。我的工作任务是从储藏室中找出冷冻的食品，然后装在一个运输车上，运到全国的超市。公司为我们每人配备了一个铲车和具有一定程序的耳麦。这个名叫"简"的耳麦是人工智能体系的一部分，这个系统可以通过识别必要的信息提高我们的工作速度，并完成每个指令。经理也可以通过"简"监视我们的工作。这听起来很简单，但事实并非如此。我们在零度以下的条件轮流工作12个小时。在刚开始6周的培训期间，我每小时获得12.5美元的报酬。后来才知道实际上这个报酬是不可多得的。繁忙快速的工作能使我们热起来。但是一旦我们停下来，就会感到很难忍受的那种冷，甚至我们的耳机也被冻僵了。我们可以允许到一个特殊的"暖身房"作短暂休息，但是我们的监督者，不愿意我们待在那里超过一分钟。在班上，我们听到的所有声音都是通过耳麦转来的一连串数字，指导我们做下一个任务。在这样几周的工作后，我惊恐地意识到，我已经有了数字困扰症状。如果沿着街道走，我的注意力会集中在房屋的数字上，而忽视其他方面。别人也遇到了同样的问题，当然我们担心这种状况是否会持续。

在培训结束后，我们的工资开始按计件给：每箱8～10美分。我们的经理用高收入的前景来诱惑我们。他告诉我们，你想挣多少钱取决于你自己。你工作越快，你就挣得越多。某些"顶尖者"他们的效率真是很高，2 000个、3 000个甚至每班可达到4 000个箱子，并作为榜样展示出来。这些劳模穿着表明他们成绩的T-恤衫。通过所穿的T-恤衫，我们可以认出他们来。"什么，像你这样的家伙就不能再多搬几箱吗？"我们被这样戏弄。我们上面的经理偶然访问，会常常表扬我们。我们的监督人则常常表示出不满，因此形成的"好的巡警——差的巡警"路线，使我们努力工作。从字面上看，这似乎是一个很好的激励策略，通过像体育运动一样的竞赛而促进效率。然而鼓励我们的策略在道德上是可质疑的，甚至是有害的或者可能

问题：

1.你认为公司的行为是道德的吗？为什么？

2.以你的看法，公司对它雇员责任的合理范围是什么？

3.为什么雇员不去反对那些对他们不利的工作条件和政策？

4.为什么政府关于劳工健康和安全状况的法规没有被有效地执行？

是非法的。男人的自豪感（为了穿上最好的T-恤衫）让男人像魔鬼一样工作奔命于金钱、地位和职业保障。是的，通过服药可以让大脑保持清醒，做得更快，对疼痛反应迟钝。通过一个人薄薄的衣服、超快的节奏、膨胀的瞳孔和他锐利的眼神，你可以很容易地看出这个家伙是服用了什么药物。工人们之间进行着一场无情的竞争，它绝对是不公平的。做得多的人，却并不一定挣得更多。不同的工作有着不同程度的难度。那些更分散的工作需要花费更多的时间去完成。随着时间的流逝，我们除了注意到一种偏向行为——某一帮人总是得到很容易完成的工作。我们抱怨，但是不起作用。谣言往往是无风不起浪。

另外，工资仅仅按照我们收集的箱子的数量来支付，而其他的一些我们必做的工作往往是白做。这些必做的工作包括给"简"装程序、清理装货的平台、固紧箱子等。一些工作也需要别人帮忙。例如，如果我们需要的箱子放在铲车够不到的地方，我们招呼高层作业的工人把它们取下来，他所花费的时间由我们的薪水抵消。类似的，由于铲车故障失去的时间也不能计酬。为了避免工人起诉雇主，一开始我们就被要求签下合法的弃权书。我们也经常一遍遍被提醒，意外事故经常是由工人的失误引起的。并且报告的后果就是立即解雇。在10周之后我就辞退了工作，主要是考虑到我的健康，甚至我的精神状况。但是并不是任何人都能像我那样做。在这厂的工人数以千计，他们中有许多外国人和少数民族的美国人，他们除了做好这个工作之外别无选择。公司在网站上吹嘘它的社区价值和对社会的关注。而我这样一个从底层来了解它的临时工对它却有不同的理解。

第四章
全球化与资本流动：为什么世界经济会走向金融化？

引 言

　　一百多年以前，英国的工业革命推动了世界贸易全球化的飞速发展；半个世纪以来，美国的工业革命推动了世界经济金融全球化的发展。一个国家的经济愈发达，社会愈富裕，对未来的投资就变得愈重要，所以，对金融产品的需求也就愈高。同样道理，信息技术的发展和经济全方位的崛起，从西欧、北美、拉丁美洲到亚洲，特别是"金砖四国"的崛起，标志着西方主导世界经济时代的结束。史无前例的世界性工业革命和贸易发展为各国的金融资本市场打开了一扇通向世界的大门。

　　金融资本的全球化可使百万人受益。例如，2005年9月，在当时为英国财长布朗的提议下，为了帮助发展中国家对其所需的健康疫苗进行融资，英国、法国、意大利、西班牙和瑞士5国达成协议：在全球金融市场上发行价值40亿的政府担保证券，5个国家计划在20年内偿还这些债券。英国和法国分别承诺偿付债务总额的35％和25％。全球疫苗和免疫联盟的资金来源也有望扩大一倍。在过去的5年中，全球疫苗免疫联盟已经在第三世界国家中赞助了7 800万名孩子的免疫费用，挽救了超过100万名的孩子的生命。通过浮动利率债券所筹得的资金将被用来采购、分发疫苗，同时也用来支付在世界各地偏远地区的医疗诊所的运营和维修费用。值得指出的是，这次活动扩大了亚洲和非洲一些贫穷地区的医疗保健覆盖面。因为这些地区迫切需要麻疹、天花、孕期或出生性破伤风之类的疫苗。

值得注意的是，金融资本的全球化远远比贸易全球化复杂。这是一把双刃剑，资本市场的开放为一国的发展注入了急需的基金和资本，但盲目开放本国的金融资本市场也会阻碍一个国家的经济发展。1997年的亚洲金融危机就是一个很好的例子。虽然在全球化的今天，没有一个开放的国家可以完全和彻底地避免世界性的金融和货币危机，但是了解其中的道理可以使其对一个国家的破坏程度减小到最低。从2008年美国次贷危机全球化和随之而来的世界性金融危机中就可以发现很好的经验和教训。本章将深入讨论这些问题。

▲ 金融市场和交易所

全球资本金融市场的形成和运作

　　金融资本市场的形成是经济发展的必然结果。如前所述，社会的经济发展加快了财富的积累，随着人们手中财富的增加，个人对金融产品的需求并不亚于公司和政府。事实上，在现代社会里，人们从出生到死亡，对银行和金融公司所提供的服务和产品都是一直有需求的，例如，存款账户、信用卡、助学贷款、汽车贷款、住房贷款、投资、旅行保险、汽车保险、医疗保险、事故保险、死亡保险等各式各样的保险需求，在人一生的不同阶段都扮演着重要的角色，而银行、保险公司、投资公司正是连接顾客和金融资本市场的媒介。总之，人们需要金融市场主要有四个方面的原因：投资、借贷、货币兑换、（保险所提供的）分散和转移风险。

　　让我们通过一些例子来阐述这四个方面的作用。为了买房、支付学费或其他的目的，人们会去银行进行贷款，也会将钱存入银行或将钱投入共同基金或退休基金。金融市场把借贷双方的需求连接了起来，充当疏导需求和供给双方的渠道。金融市场也发挥着另外两种重要的中介作用：金融风险的转移和货币兑换。很多人感到，应该有避免意外事故风险（疾病、死亡、汽车事故、火灾和借款利率的上涨等）所导致的金融损失的需要。金融市场的存在，使他们可通过购买保险来转移这种风险。就货币市场来说，商人、旅游者甚至在外国学习的学生，都需要持有外币。通过银行，人们就可以进入金融市场兑换不同的货币。个人的国外留学和旅行，公司的外贸和海外投资是国际金融资本市场，特别是外汇市场形成的原因。图4.1国际金融中心为我们提供了一个对国际金融资本市场和世界金融中心的直观认识。

图4.1　国际金融中心

国际金融资本市场：一个全球性的电子网络，通过这个网络，世界的金融中心和投资散户、公司、金融机构、政府连为一体，彼此间实现融资借贷。

一个功能健全的金融资本市场是非常重要的，因为它为借贷双方之间的资金流动提供了便利。交易开展得越容易，交易成本就越低，金融市场对整个经济发展的作用也就越大。在工业化和经济发展中，一个完善的金融市场的建立是必不可少的。

全球金融市场是一个将金融资源分配到最有效率用途上的金融体系。确切地说，它是一个将世界金融中心、个体、金融机构、公司和政府连接起来，进行跨国融资和借贷的全球化的电子网络（见图4.2 金融市场上的交易双方和中介机构）。在商业、制造业、市场国际化、信息技术革命和政府监管放松的促进和影响之下，世界金融市场应需而生。由于不同的国家经济条件不同，所以，在不同国家之间，利率、汇率、税率、通货膨胀率以及金融法规也会不同。为了投资、借贷和分散风险，个体和企业会在世界范围内寻找一些本国缺乏的更适合自己发展的海外投资机会、利率、税率和商业环境。

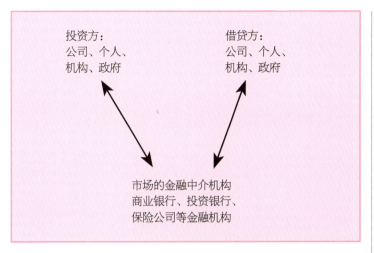

投资方:
公司、个人、
机构、政府

借贷方:
公司、个人、
机构、政府

市场的金融中介机构
商业银行、投资银行、
保险公司等金融机构

图4.2 金融市场上的交易双方和中介机构

　　全球金融资本市场主要由四部分组成:国际现金市场、国际资本市场、国际债券市场和外汇市场。国际现金市场主要是由银行在不同的货币间进行短期借贷所形成的市场,即是银行以不同国家的现金储蓄短线投资和借贷形成的流动资本,可作为短期贷款在银行间拆借;国际资本(股票)市场是在股票发行国之外进行买卖股票所形成的国际性股票市场;国际债券市场是在国外发行,由所有债券或债券性金融衍生产品(例如商业票据)进行买卖所形成的市场。美国次贷抵押债券就是在这个市场上交易的。发行者可以是公司或政府。在本章开始时所提到的和疫苗相关的例子,就是金融市场通过国际债券市场发行债券来帮助发展中国家的一个例子;外汇市场指由多国货币进行买卖所形成的交易市场。与股票市场和债券市场相比,外汇市场的主要功能不是为了融资,而是方便进出口商和跨国公司在跨国交易中实现不同货币兑换或外汇风险的对冲。

　　国际上金融产品(短线基金、股票、债券、票据、外汇等）跨国交易的市场被统一称为金融资本市场。因为在不同的国家，价格的差异很大。例如石油的交易。虽然国际油价在很大程度上取决于原油的价格，但在不同的国家，甚至一个国家的不同地方，仍存在价格差异，因为它还会受到一系列当地因素的影响。在这一点上，世界金融资本市场和世界石油市场是非常相似的。为了得到高的投资回报率，个人和公司会在国外寻找好的股票和债券。公司在筹集资本时所发行股票和债券的地点也不会仅仅局限于国内，而是会由于价格的差别选择国外。

我们可以从两个方面来解释金融市场的这种现象：一是信息网络技术的普及使个人或公司能够在低成本下，快速地在不同的国家间实现资金转移，更重要的是把各地的资本价格信息瞬时地公布于世；另外，在不同的国家，不同的法规、商业模式、税率和资金成本等决定了不同国家利率和债券收益率的差异性。这些价格的差异促使个人和跨国公司从中套利，在国际范围内借贷、筹资、投资或分散风险，但这也给包括国际性洗黑钱等非法活动提供了契机。

在全球化时代，公司和个人的流动性越来越大（尽管个人处于次要地位）。例如，在美国，许多对冲基金公司把它们的资金转移和存放在所谓的"税收天堂"(以当地极低的税率而著称)——百慕大群岛，以便从当地较低的税率中获利；由于对利息收入较低的税收，德国企业经常选择在卢森堡发行债券；因为英国注册企业的财务表现、透明的金融法规和与美国相比较为宽松的限制条款，很多企业也会选择在英国发行股票；纽约和纳斯达克市场的监管法规也存在差异，美国的不同州之间的税率也并不完全相同。这些因素都会促使公司和个人的资金流动性增大。

外汇市场和国际汇率体系

外汇市场与其他三个市场不同的是，它是国际金融市场中规模最大的一个。外汇市场主要是针对不同国家的货币进行交易所形成的市场。这个市场的价格就是汇率。例如，购买加拿大元的价格是0.92美元。换句话说，在美元和加元间的兑换汇率是USD0.92=CAD1。有两种基本的价格制度在约束着外汇市场：浮动汇率体系和固定汇率体系。浮动汇率体系的运作规则非常简单。一个用其他国家的货币表示的货币价格（汇率），可以根据市场对某种货币的需求而自由波动；与浮动汇率制度相比，固定汇率制度以盯住某些主要货币，如以美元或欧元或一篮子货币为基础，显得稍复杂一些。在这种汇率制度下，一国的汇率要么被固定在一定的水平上，要么由货币当局或中央银行规定的在很小的范围内上下波动。当有必要确保本国货币汇率在期望的汇率区间内时，中央银行会主动调节本国货币的供求，来冲销影响市场汇率波动的市场力量。举例来说，中国就是一个实行固定汇率制度很多年的国家。现在中国货币汇率是6.5元人民币等于1美元。中国最近已将本国汇率制度从固定汇率制度以仅盯住美元为主转换成了盯住包括美元、英镑、欧元和日元的一篮子货币的汇率制度。金本位制（1880~1914年）是各国的货币同黄金保持固定兑换比率的一种货币制度。布雷顿森林体系（1945~1971年）是一种以各国货币，可以按照一定比率兑换成美元，然后再通过美元兑换成黄金的汇率制度。（历史上金本位制和布雷顿森林体系两者本质上都是固定汇率）。现在主要发达国家都是采用浮动汇率体系。

为了使本国经济得到更好的发展，一个国家必须选择一种汇率制度。要想在固定汇率制度和浮动汇率制度间作出选择，要考虑的因素有很多。其中之一是一个国家对世界市场的依赖程度。这个依赖程度可以通过本国当年进出口总额与国民生产总值的比率来度量。如果一个国家70%的经济都是依靠世界市场，则这个国家就很有可能采用固定汇率制度。因为对国际贸易而言，固定汇率制度具有稳定性，在一定程度上可以减少外汇风险和外贸交易成本。浮动汇率制度会导致对外汇率的持续波动，使进出口部门面临更大风险，从而加大对外贸易的难度。固定汇率制度也有其自身的缺点，对本国的货币政策有制约作用。例如，货币政策可通过调节本国的货币供给来控制通货膨胀。在固定汇率制度下，货币政策和本国外汇汇率紧密相连。结果，由于采用了固定汇率制度，本国货币政策的弹性就会大大减小。相反，假如一国对外依赖性不是很强，倾向于选择相对自由的货币政策，那么，货币当局就可以选择一个有弹性的汇率制度。

外贸收支平衡与汇率政策

当一个国家的进口大于出口时，这个国家就面临着贸易逆差；反之，这个国家就面临着贸易顺差。不论一个国家采取什么汇率制度，当有贸易逆差出现时，都期望通过调整本国的汇率水平，将对外贸易拉回到国际收支平衡的水平上。在浮动汇率制度下，当一国有了较大的国际收支逆差时，市场力量会导致本国货币贬值。在固定汇率制度下，相关的货币当局不得不面临本国货币相对于外国货币贬值的问题。但事实上，在由谁来贬值和如何解决贸易不平衡这个问题上，相关国家很难达成一致的协定。例如，一个有很大的国际贸易逆差的国家，例如美国，可能会不断要求其贸易伙伴国的货币升值。但该货币伙伴国则很有可能不会同意采取这样的措施。因为当本国货币升值后，本国出口的相对价格就会升高，这会使本国的出口受挫，出口的下降又会导致出口行业的失业增加。因此，贸易顺差的国家就会拒绝实行本国货币升值的要求，或让本国货币与外国货币的相对价格按市场的需求继续保持在原有的自然水平上。

就本国内部的货币政策而言，它也会像国际协调性货币政策一样出现政策冲突。例如，升高利率会使有些行业比其他行业受到更大的伤害。房地产行业和汽车行业喜好用低的利率来增大信贷，刺激大额消费。然而，低利率会助长通货膨胀，给经济发展带来负面影响。政治因素也应纳入影响。在离竞选日期比较接近的时候，政治家们很有可能采取低利率政策来迎合选举者们的喜好，而不会顾及这种政策所带来的长期的负面影响。

同样的道理，在国际领域，不同的国家也会根据自己不同的利益趋向，而采取不同的政策目标。在汇率方面的冲突所造成的影响的表现形式多种多样。因为货币汇率的升降和国际收支的不平衡，不同国家的财政部长会经常参加峰会，相互见面。每个国家都试图通过说服、施压和威胁来让其他的国家妥协。近期，美国就想在人民币升值的问题上与中国政府达成一致。这一举动就是出于改变美国的国际收支逆差动机下的产物。

当本国货币当局不能维持本国货币的固定汇率水平时，该国就有可能出现货币危机性的混乱。在固定汇率制度下，货币当局有义务将本国货币维持在一定的固定水平。如果外汇交易商和外汇市场认为某种货币将会贬值，那么，他们就会在外汇市场上卖出此种货币。这种趋势会愈演愈烈。起初，货币当局可通过卖出外汇买进本币来冲销该行为对本国货币的影响。然而，一旦这种状况持续的时期过长，货币当局就有不能维持本币固定汇率水平的可能。典型的迹象就是该国货币的汇率水平会不断往下调整。在这种情况下，当投机者对此货币失去信心时，他们就会继续在外汇市场上抛售该货币，进一步的货币贬值就会持续，当货币当局即将耗光其外汇储备的时候，一场货币危机就有可能发生了。

总之，在外汇市场中，企业和个体投机者都是参与具有高风险外汇交易的群体。外国的外汇交易商和基金都会积极通过了解外汇水平的变动，来寻找获利的机会。并且，在参与这场赌博时，他们具有获取信息的便利和强大的金融势力。

金融市场全球化的历史和现状

全球金融市场的发展和前面第三章中所讲到的世界贸易的发展有密切的关系。全球金融市场首次出现于早期一些世界重要的贸易城市，这为以后的商业和工业发展铺平了道路。在文艺复兴时期，英格兰银行就对在地中海区域的消费和政府支出开始了融资业务。后来，这种商业行为在欧洲的范围不断扩大。多边贸易需要各种便利的跨国支付和保险手段、信用证和其他的金融证券产品。这种金融现象随后从南欧向其他地区传播开来。当世界贸易盛行时，伦敦和阿姆斯特丹成为了世界上两个重要的交易中心。作为一种国际交易市场上的新生婴儿，英镑和荷兰盾作为一种通用的金融产品，在交易中被人们广泛接受。这种新型市场直到19世纪的工业革命后才得到了全面的发展。当跨大西洋交易出现并不断增长时，一种相似的雏形在美国也出现了。在纽约成为世界金融中心以前，许多像波士顿、费城、巴尔的摩等的大城市充当着世界金融中心的作用。

市场的演变串联了起来。从图4.3 金融资本全球化的历史可见，金融市场的发展可分为四个阶段：

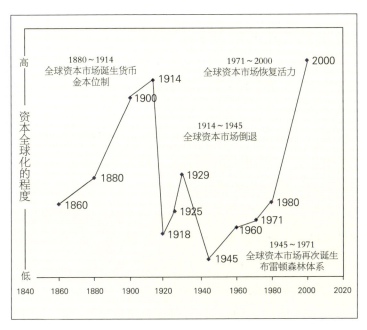

图4.3 金融资本全球化的历史

资料来源：阿伯斯特和泰勒的论文(2002)

第一个阶段是1880~1914年。在这个时期，运输业和通信业的技术革新、接踵而来的世界贸易扩张都刺激了金融市场的发展。电话和跨洋电缆的问世，使在不同地方的价格和利率的信息传递成为可能。这种科学技术也促进了商贸活动的发展和资本流动。贸易的发展需要有更加多样的金融服务。在这种情况下，一系列的债券、债务凭证、股权、债权、保险信用证、期货契约等类似的衍生金融工具应运而生。衍生金融工具是为了对冲金融风险而设计的，它们类似于保险合同，对购买者的潜在义务远远大于购买时所支付的保费。这类金融衍生产品对市场有很大的金融杠杆作用。

到1900年，一些主要的货币和金融工具在世界各地开始了交易，一些像大额可转让定期存单、债券的应用、权益融资和外商直接投资等交易在世界各地风靡一时。这些发展都为以后出现的世界商业网络和金融市场的兴起打下了基础。期间，世界上通行的货币制度是金本位制，在这种制度下，世界各国间的交易都是用黄金货币或可兑黄金的纸币进行的。

第二个阶段是1914~1945年。在这个时期内，由于两次世界大战、1930年的经济危机、种族主义和地方保护主义的出现，世界金融市场的发展经历了一些挫折。几个主要的国家为了应对经济衰退实行了竞争性的货币贬值，这也严重破坏了世界货币体系。唯一例外的是，在1918~1929年的两次世界大战期间，世界金融市场出现了短暂的复兴，但很快就被大萧条和金融危机淹没了。

第三个阶段是1945~1971年。两次世界大战后，人们决心重新构建世界经济体系，国际货币基金组织、世界银行和关税暨贸易总协定(GATT)，就是在这样的背景下产生的。世界金融市场因此渐渐重新形成。1944年，在布雷顿森林体系下，人们建立了世界货币体系。结果，形成了双挂钩的外汇制度（其他国家的货币同美元保持固定的兑换比率，美元又同黄金保持固定的兑换比率，即35美元等于一盎司黄金）。

最后的一个阶段是1971~2000年。1971年，美国失去了维持美元和黄金之间固定比价的能力。布雷顿森林体系瓦解，世界上主要发达国家都采取了浮动汇率制度。因为布雷顿森林体系受到了石油危机、为越南战争融资和美国贸易收支逆差的破坏。在冷战结束后，中国、东欧和苏联等社会主义国家采取了对外开放的政策，外商可以在这些国家进行投资。这个时期的特点是金融流动性大大增加。

图4.3金融资本全球化的历史显示，在一个世纪内，全球金融市场大体上呈现出了U形的发展路径。它已经经历了一个完整的发展周期，分别在1914年和2001年达到了最高点。

为什么世界性资本会几乎都被吸收到最富裕的一些国家？

图4.4世界接受国外净直接投资的分布情况显示，在世界经济的发展中，金融市场的发展在很大程度上是向发达国家倾斜的，发展中国家（人均收入低于936美元的国家）几乎接收不到外国直接投资。在贸易上，货物总是卖给出价高的买主。而资本就不同了。为什么世界性资

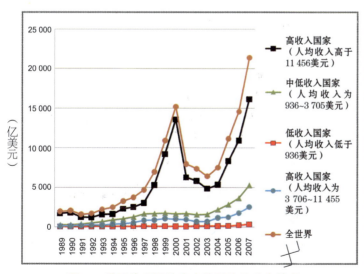

图4.4 世界接受国外净直接投资的分布情况

资料来源：世界银行，2008年

本会几乎都被吸收到最富裕的一些国家而不是到资本最需要的地方？为什么西方发达国家创造了一个又一个经济奇迹，而这些奇迹却不能在很多的发展中国家获得成功呢？可以从两点来回答这些问题：第一，很多发展中国家缺乏普遍的法律和仲裁环境，因而不能提供足够的条件来吸收资本流入。一方面是东道国的投资环境，它直接决定着资本的生产力水平和效率。为了吸引外国资本的流入，一个国家必须要有政策的支持、完善的法律制度和便利的基础设施；另一方面是东道国必须具有吸收那些伴随着资本流入时所引进的科学技术的能力。这需要优秀的人力资源来掌握先进的科学技术，研发新的科学技术。构建这些先决条件并非易事。西欧和美国为了构建这样的经济条件曾经花了几个世纪的时间。第二，金融资本需要有一个稳定的政治和经济环境，需要稳定增长的储蓄和金融制度来吸收和释放流动性，需要一个强大的金融监管机构来约束市场参与者，继而避免受到内幕交易和坐庄（垄断）获利的诱惑。总之，一个完善的市场有能力吸引资金流入最急需的部门，同时也能够回报资金供给者最大的收益。然而，这些资本市场所需的条件在发展中国家并不具备，种族冲突、负债、贫穷、疾病和糟糕的公共基础设施（如公路、海港）以及匮乏的金融基础设施，所有这些都把外国资本拒之门外。与贸易全球化相比，金融市场全球化显得更加复杂。为进入国际金融市场，一个国家必须构建健全的金融机构和银行体系，更好地疏通和管理资金流动，并具备完善的法规制度。我们可以把一个国家想象成一个房子，然后研究它是如何完善运转的。一个现代化的房子需要通电、配有通信系统、互联网、电话、连接光缆、电视机等。同时，它也需要现代化的给水和处污系统来处理流入和流出的水。资本流动和水的流动非常相似。一旦资本流入，它就会充斥整个空间，并且寻找一切可能获利的机会。然而，如果流入的"水"即资金过多的话，就会形成洪灾，也就是我们所说的即将破灭的金融泡沫，会给经济带来不稳定性，甚至巨大的伤害。

投资环境和基础设施

在许多发展中国家，大约80%的经济由家族行业占有，事实上在缺乏强有力的契约作用下，信任是唯一的标准，并且这种信任只能存在于亲戚、密友之间，尽管如此，仍然有相当大的风险。家族成员和朋友只能提供有限的帮助，法律框架在保护契约权利和义务方面的缺失，在很大程度上会限制贸易和商业的发展，商业交易需要依赖一种稳定和强有力的法律体制，来确保交易在充分信任的情况下实现。那么，保护财产权以使其所有者在不用担心被外力强制占有的情况下，进行出售、转让、租赁、投资、借贷是十分必要的资本产生和流动的先决条件。所以，必须建立一个有效的法律机制，来确保贫穷国家的人们从全球化市场中获利。市场中没有可靠的机制来确保契约有效以及来保护财产权，相比之下，发达国家的贸易活动和企业可以安全地依靠法律体系，来确保契约的有效性，这些基础设施起源于19世纪80年代。信用被广泛地应用并且产生新的贸易活动，例如，用家庭住房抵押贷款作为创业资本的主要来源。总之，发展中国家的资金匮乏主要表现为国内外两个方面，国外没有资金来源和国内没有资金市场。然而，生活在发展中国家的人们在积极寻找创造性方法，例如，用微型贷款来解决穷人中最贫穷的一部分人缺乏资金的问题。请看本章后格莱珉银行的案例。

国际资金流动：发展资金和投机资金的区别

这是一个如何吸引发展资金和避免制造泡沫的投机资金问题。在全球金融市场中，债券和资产的资金流都有长短期之分，并且它们融资的目的也不尽相同。从它们的最终用途来说，全球性资金流主要有以下两类：外国直接投资（FDI）和外国证券投资（FPI）。

FDI包括购买外国的土地、建筑物和生产设备，也包括对在国外进行生产或产品市场经销管理控制权所进行的主要股权份额的投资。由于FDI是一种长期资本，它被看作是一种有利于经济发展的资本，给东道国不仅带来了资金，而且也引进了技术、管理技能，增加了东道国的就业，增加了东道国的金融稳定程度。

FPI是购买外国的金融产品，例如股票、债券等，但是不对外国企业进行控股的资金支出。它的直接目的是投资和分散投资风险。20世纪90年代末期，由于高回报率和不断增长的金融市场态势，很多美国人直接或间接地把他们的资金，通过基金公司或养老基金，投入到了外国股票市场或债券市场。为了分散风险，很多国际投资者都增加了自己的风险投资组合中的外国债券和股票的比例。与FDI相反，FPI的期限可以很短，流动性很强，往往在一瞬间就会完成买卖。相比之下，FDI在短期内就很难将企业的所有权出售。FPI的高流动性增加了金融市场的波动性。当大额的资金突然流入或流出时，它可能对当地经济造成泡沫经济效应。一旦这种泡沫破灭，本国经济就会面临灾难。从图4.5FDI与FPI看，自1997年亚洲金融危机后，世界金融资本市场上的金融证券投资有所回落，但很快又回升了，而且增势很猛。对这类投资的大量流入，发展中国家要有所警惕。

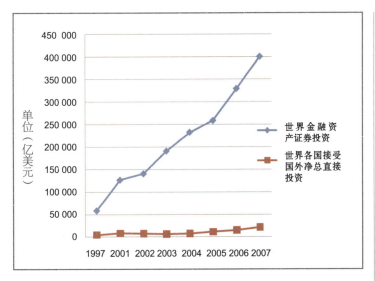

图4.5 FDI与FPI

资料来源: 世界银行和国际货币基金组织

对于发展中国家来说, FDI 是一种重要的生产要素, 对一个国家的资本结构、经济发展和增长有重要的促进作用。通过配置和向有需求的地方转移资金, 使私有资产组合和经济发展的灵活性大大增强了。更确切地说, 与政府的计划行为相比, FDI是获利性更高、更加有效率的商业投资。相反, 短期资本FPI是不稳定的, 假如对它没有很好地控制的话, 它会使市场发生波动, 妨碍经济的可持续发展。这也是为什么现在的有些学者, 把短期外国资本比喻成为发达国家在发展中国家所设置的陷阱。换句话说, FPI对于发达国家来说, 是"风险分散化投资"; 对于发展中国家来说, 并非是"发展资金", 而是投机和制造金融泡沫的资金。

全球化的金融市场：是一个赌场还是经济发展的动力？

在过去的20年中，人们亲眼目睹了前所未有的金融资本在国家之间的流动。伴随着电信科技的发展，如潮般的金融市场带来了洪峰般的资产组合现金流。资金现在可以在几秒钟之内在一个国家毫无障碍地流进流出。与过去相比，现在大部分资金流动都与实质的生产服务交易和有形的实体交易没本质上的关系。

图4.6全球外汇市场每日交易量显示，仅在2007年，全球的日平均外汇交易量已达到3.2万亿美元的规模，是同年贸易额的24倍，是资本流量的17倍。在这个巨大的数字中，不仅仅有外汇的投机，也包括世界各中央银行在外汇市场上的调整性干涉。

为了能让我们意识到全球的资本流动规模有多大，让我们来把它和一个国家的GDP作一个比较。图4.6所示，2007年外汇交易的日交易量是3.2万亿美元，与世界上最大

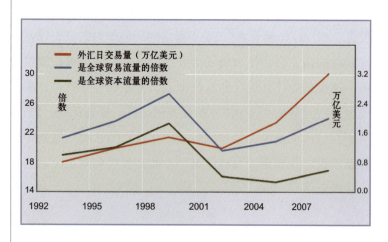

图4.6 全球外汇市场每日交易量

资料来源：国际货币基金组织

的经济大国美国相比，美国生产总值GDP一年也不过只有14万亿美元。在外汇市场上5天的流动资金比美国一年中所创造的GDP还要多。

世界金融市场上的波动性和流动性，导致了前所未有的投机交易规模。图4.7世界金融资产占世界GDP的百分比显示，2007年，世界的金融资产已是世界GDP的3.5倍！在一些获利机会的影响下，这种资金的主要目的，毫无疑问是为了获取短期的利润。一些评论者指出，这种短期的资金流动的不稳定性，有可能危及全球经济的可持续和稳定发展。也有人指出，这种无规则的资金流动，将会使世界金融市场变成一个赌场。频繁的金融危机和货币危机，已经造成了无数亿的经济损失，对一些贫穷国家的影响尤其突出。相关国家的政府在经历了这些危机后，对调节本国经济变得无能为力，只能期待金融市场的自动调节。1990年，世界银行、世界货币基金

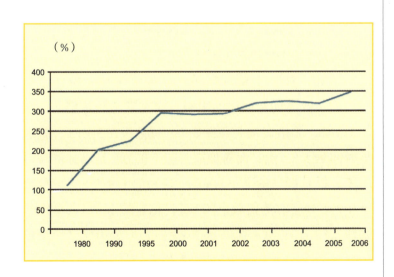

图4.7 世界金融资产占世界GDP的百分比

资料来源：麦肯锡公司

组织、关税暨贸易总协定、世界贸易组织和美国财政部大力鼓吹金融市场自由化的好处。他们强迫一些发展中国家开放金融资本市场和进口海外金融服务业务。但他们并没有注意到在这些国家发展健全的金融法规和金融机构的重要性。结果，很多发展中国家在没有约束金融资金流入和具备健全的金融机构的情况下，被迫对外开放了金融资本市场。

网络时代短期投资的牧群效应——创造和破坏的两面性

资本的自由流动是一把双刃剑，对经济的发展有利有弊。一个健全的金融市场会给资本的流动提供更大的空间，使资本流向急需它的商业机会，从而提高资本创造财富的能力和资本使用效率。资本的本质是追求利润。一个真正自由和完全竞争的金融市场会试图在经济自由和强硬的金融法规之间寻找一种平衡。这也是为什么一方面我们为有大量和各种类型的金融产品和投资机会而庆幸，另一方面又会因为金融市场的频繁危机而担心。

例如，外汇交易可以在全球范围内24小时连续进行，而不受时间和区域的限制。当东京时间是星期二下午3点时，香港时间是下午2点；香港下午3点时，新加坡时间是下午1点；而新加坡时间下午3点是巴林群岛的中午；巴林群岛的下午3点是贝鲁特的下午1点；贝鲁特下午3点对应的是伦敦下午1点；伦敦的下午3点对应的是纽约的上午9点。纽约下午3点时，旧金山就已经是中午了；当旧金山下午3点时，悉尼就是早上9点了。世界外汇市场上的交易是随着太阳的转动而进行的。在全球电信网络的推动下，所谓短期投资的牧群效应已经被数字化和网络化。它使得货币交易者能以光的速度，在网络空间里毫不费劲地转移数百万的金融资产而不再需要固定的交易所地点。虽然人类的贪婪欲望并未随时间的推移而改变，但由于科学技术的发展和世界市场的一体化，为满足人类贪欲的机遇已被扩大了数倍。由于各国政府政策的差异，在利率、通货膨胀率、汇率、税率和金融法规等方面的不同，将创造大量的套利机会，驱使数亿的资本追逐这些看来是微小的利差，巨大的交易量导致金融市场的波动大大增加。

除了货币交易外，与海外直接投资相比，短期投资和金融衍生品的交易正在以一个更快的速度增长。随着科学技术的发展，产生了大量的准金融机构，它们介于传统的金融机构和非金融机构之间。这样就大大扩大了金融市场的参与范围。这些准金融机构包括对冲基金、共同基金、养老基金、保险公司，也包括像通用电气那样的一些非金融机构（因为它们也会直接参与金融市场的交易）。由于金融机制在由以银行为基础的机制向以市场为基础的机制转变，市场的资金供给大大增加。这样的话，在带来有利影响的同时，也会带来负面影响。全球化的大银行、多元化的金融服务企业、在发达国家的一些基金公司和非金融机构对全球经济发展带来了挑战。最近发生的美国次贷危机就是一个例子。传统对银行的法规和对金融市场的监管已大大落后于全球金融市场的发展。

贸易开放和资本市场开放是一回事吗？

亚洲金融危机

亚洲经济发展的奇迹和亚洲金融危机，形成了一个和金融全球化相关的有意义的案例。这表明金融全球化一方面可以创造出经济奇迹，另一方面它的毁灭性的力量又可以让经济发展一蹶不振。亚洲金融危机对发展中国家有很大借鉴意义。金融市场的脆弱性和金融泡沫的产生和破灭，与对一个国家金融基础设施的建立健全程度，对多边合作监管的缺乏，都是有很大关系的。

在过去的二十多年中，亚洲经济经历了快速发展的阶段，创造了所谓的亚洲经济奇迹。对于世界货币基金组织、世界银行等机构来说，像泰国、马来西亚、菲律宾、印度尼西亚、韩国、新加坡和中国香港都被认为是经济发展的典型。在西方对自由贸易和自由资本流动说教的影响下，为了获得经济的进一步发展，吸引更多的资金流入，这些国家和地区都开放了金融市场，亚洲金融危机时，这些国家和地区流入了大量的短期海外证券投资。此次流入这些区域的资金规模，比前10年所流入的总资金量都要大得多。在东南亚危机的爆发国——泰国，流入的总资金达到了泰国GDP的12%，并且有一半以上的资金都是短期资金。在此之前，这些国家和地区对本国本地区的金融市场自由化都非常担心谨慎。然而，最终他们迫于西方发达国家的压力，不得不向西方国家开放本国或本地区的金融市场。在WTO中，发达国家经常把进入发展中国家的消费市场作为谈判的前提条件。由于先前这些国家和地区大多数都采取了鼓励对外出口的经济政策，本国或本地区的经济发展对发达国家的消费市场有很大的依赖性（尤其对美国的消费市场的依赖性最大）。虽然美国的贸易逆差一直居高不下, 但是美国在服务业方面的出口却一直处于顺差状态。因此, 美国希望发展中国家开放金融服务业市场, 以便缓解自己长期积累的贸易逆差。

在这种背景之下, 泰国和在邻近区域的其他国家和地区, 最后都采取了相似的政策, 开放了自己的金融市场。它们以高利率来吸引外国的资本, 并采取了本币盯住美元的固定汇率制度, 以确保本币的汇率稳定以减少国际商务外汇风险。政策制定者都深信, 金融资本自由流动的原理和贸易自由化的原理是相似的, 都会促进经济发展。然而, 这种流入的资金并不是在本国生根发芽的资金。流向本地区股票市场的资金大多都是无偿的短期资金, 并导致了金融泡沫。其中很多资金并不是投入到了生产性的行业, 而是投入到了房地产行业。在曼谷一个城市, 1996年投入的资金就达到了240亿美元, 这助长了房地产价格的攀升, 使得更多的资金流入了建筑行业, 休闲度假场所和豪华别墅相继建成。房地产价格的攀升, 促使更多的资金流入。在这种情况下, 外债增长率远远超过了出口增长率。为了支付流入的外债的利息费用, 出口创汇显得非常窘迫。国际外汇市场首先意识到了问题所在, 投资者们认为政府已经不能维持固定汇率制度, 因此开始大量抛售泰铢。

1996年, 流入东南亚地区的资金有930亿美元, 其中大多数都是私有资本。1997年, 从该地区流出的资本有1 050亿美元。为了维持固定汇率制度下的汇率水平, 相关国家的中央银行提高利率吸引外资的流入, 同时在外汇市场上购买本国的过量货币。这项措施不但使得本国的外汇储备枯竭了, 而且因为升高了利率大大伤害了本国经济的发展。因此, 国际金融市场上出现了恐慌,局势变得更加不利。最后，这些国家除了向世界货币基金组织求助外，再也找不出其他的选择。

可怕的金融危机在东南亚并没有很快停止。它以更快的速度开始向俄罗斯、加拿大、巴西等国蔓延。由于亚洲国家已经处于经济困境中，所以大量的向亚洲国家出口的货物，例如木材、石油和矿产资源开始失去消费需求。在亚洲金融危机发生期间，斯蒂格里茨（诺贝尔奖经济学奖获得者，当时任世界银行的副主席）就已经认识到了问题的重要性。他指出，国际货币基金组织采取的措施对于局势发展有不利的影响。他说："国际货币基金组织的政策不仅仅使低迷的局势变得更糟，而且在一定程度上也对本次危机的爆发负有不可推卸的责任。虽然货币发行国的政策也负有责任，但过快的金融自由化可能是这场危机的最重要原因。"

与此相类似，1930年发生的经济大萧条所造成的金融市场的破坏性力量，引发了从金融领域到经济领域、社会领域和对本国居民，依次传递的多米诺骨牌效应。这次危机对人民的影响是不可估量的。例如在印尼，1997年9月~1998年9月，有2 000万人面临着失业（据联合国劳动组织统计），25万家诊所被迫关闭（据联合国儿童基金会统计），婴儿死亡率升高到了30%。根据亚洲发展银行的另外一项报告，超过600万名的儿童辍学，在危机爆发后的一年中，1 000多万名的印尼人生活在贫困之中（据牛津饥荒救济委员会的报告），这个数字是两年前的一个报告的4倍多。

资本市场（资本账户）开放与经济增长的关系

自亚洲金融危机后，多篇这方面的研究报告出版。一篇哈佛大学的论文，研究了110个国家的数据，结果显示，发展中国家的资本市场（资本账户）对外开放对经济增长的作用不明显而且呈下降趋势。传统的经济学理论认为，外来低息资本的流入激活了国内资本市场，解决了资本短缺的问题，大大推动了经济的发展，同时起了监督政府宏观经济政策的作用，并推动了机构的改革和金融体制的法规建立健全。然而为什么在实践上竟相反呢？看来传统的经济学理论低估了以下几个原因：

● 现代化政府机构和金融体制的建立与外来资本的因果关系颠倒。如前所述，无能或腐败的政府吸引和消化外资本身就有困难，靠外来资本改革实在天真。贫穷国家的问题，本质是政府失灵。贫穷国家并不穷，并不一定缺少资金，主要是发展中国家没有一个有效的政府来保证市场的正常运作，缺少畅通有效的金融渠道和集资市场，使本地现有的资金流动起来。

● 研究表明，过早和不成熟的金融市场对外开放，流入的资金提高了对本国货币升值的压力，导致对出口不利。扩大出口对发展中国家的发展初期极为重要。

● 资本市场的开放，使大量外国证券投资而不是直接投资频繁地进出本国的金融市场，影响一个国家的金融稳定。经验证明，发展需要有耐心的海外和国内的投资。

国际资本自由流动的监管：美国次贷危机和世界金融海啸

如前所述，目前还没有一个统一的或合作性的国际管理机构来监管全球金融市场。然而，有些国家已经在国内建立了较为复杂的监管机构，例如美国和英国。美国具有资本主义世界最大的市场，并且是世界上特大型金融机构的所在国，同时美国具有最强的金融监管机构、联邦储备系统、证券交易委员会、商品和期货委员会、会计和审计标准设定机构、50个州立保险委员会以及其他一系列的监管机构。这些机构的存在是为了确保市场中的透明性、责任和公司的创造性，同时也在力图使一些金融活动的破坏作用减少到最小。即便这样，美国也没有幸免20世纪80年代的存贷银行危机和目前的次贷危机。那么从全球角度来看，在国际金融监管机构缺位的情况下，应该由谁来监管世界上最大的一些跨国金融中介公司和机构呢？

银行产业的相对集中即受少数企业垄断会增加全球金融市场的风险，因为资本的流动性是市场广泛参与程度的函数。事实上，市场上众多参与者与其不同的想法和做法确保了市场流动性的顺畅，近来产业的集中和融合会影响全球风险管理，因此，这样会在某种程度上减少市场中的流动性。我们的社会受益于对银行产业的传统监管制度，但是由谁负责管理对冲基金、退休（养老）基金公司，还有从通用电气、通用汽车这些传统制造业发展出来的金融巨头呢？这些大规模的非金融企业，涉足了许多交叉市场的业务，从美国和全球的角度来看，它们确实存在，但是这些公司并不处于现行制度管理的框架内。近年来由于银行的金融体系在向市场化的金融体系转变，这种转变无疑会导致新层面上的风险。

面对这些新兴行业的发展，以美国为例，美国联邦政府针对一系列公司财务丑闻，已经开始作出巨大的努力，例如，在2002年的《萨班斯—奥克斯利法案》第四章，创设了一些解决问题的方法，建立了一个公共的公司财务监督管理委员会、独立会计审计制度、公司社会责任制度以及加强财务信息披露的制度。

在发达国家严格的国家监管层面，有一个很明显的趋势是企业和政府职能的分离, 这样政府可以继续扮演企业调解人的角色, 而不是成为企业的合作伙伴, 将更加严格地利用反托拉斯法案, 发展金融改革, 建立更加透明的和竞争性投标机制来争取政府机构的项目。但是, 全球在产业和贸易部门的竞争, 将促使政府在国内担任监管的角色在国外担任企业的合作者。这本身是自相矛盾的。事实上, 政府和企业在全球竞争中的合作已经很平常, 例如, 从飞机制造到电脑软件以及IC内存的开发, 然而在全球化下区分国内外两个市场是不协调的和困难的, 这在世界范围内对各国政府仍将是一个持续性的挑战。美国的次贷危机进一步证实了这个问题。

从全球角度来看, 在过去的30年里, 许多学者和政策制定者已经提出了许多建议, 也就是在这段时期内, 见证了全球金融市场的整合, 同时也就是在这段时期内在发达国家和发展中国家不时地发生了金融危机、货币危机和债务危机, 这些事件进一步刺激了全球资本主义的发展, 并且也疾呼在全球成立适当的监管机构和机制。图4.8是国际货币基金组织对22个发达国家和32个发展中国家自1971年布雷顿森林体系解体到1997年亚洲金融危机期间关于货币危机的调查结果。根据诺贝尔经济学获奖者波尔·克儒格曼的研究, 期间每19个月就有一个国家发生货币危机。

在过去16年中重要的货币危机如下:

墨西哥 1982年, 墨西哥向全世界宣布自己无法偿付债务; 在接下来的几个月, 巴西和阿根廷也作出了同样内容的宣布, 由此在拉丁美洲引发了债务危机, 一个声势浩大的拉丁美洲货币贬值接踵而至。

英国 1992~1993年的英镑危机, 迫使英国从欧盟货

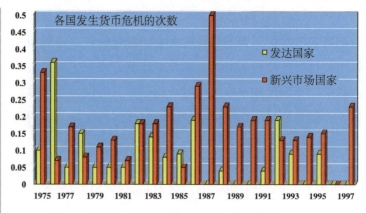

图4.8 货币危机（1975～1997年）

资料来源：国际货币基金组织

币体系退出。

俄罗斯 1992~1995年的俄罗斯货币危机。

墨西哥 1994年11月，墨西哥经历了一次巨大的货币贬值，其货币价格从每美元3.46比索降到了5.50比索。此次贬值引发了其他拉丁美洲的货币贬值，这个过程被称为"特奎拉效应"。

亚洲 1997年7月，泰铢被贬值。随后，印度尼西亚和马来西亚、韩国和菲律宾都迎来了大规模的货币贬值。

俄罗斯 1998年8月17号，俄罗斯的中央银行使本国卢布贬值了34%。在接下来的几天，卢布继续贬值，引发了俄罗斯的经济萧条。

巴西 1999年年初，巴西政府使得本国货币贬值了8.3%，然后采用了浮动汇率制度。一旦采用了浮动汇率制度后，本币贬值造成了很大的价值损失。

土耳其 2001年，在几天的时间中，土耳其的里拉失去了40%多的价值。银行间利率达到了7 000%，大多数具有美元负债的土耳其企业面临着破产。

阿根廷 自1991年以来,阿根廷比索和美元间的定价被固定在1:1,2000年贸易逆差和错误的经济措施导致了突发的大规模货币贬值,很多银行因此面临着破产,本国经济陷入了一场经济萧条。

美国 2007年的次贷危机导致世界性的金融海啸。

美国次贷危机全球化

与以往不同,这次危机发生在金融监管相对发达的美国。所以,全世界不得不对第二次世界大战以后以美国为主的西方资本主义模式反思甚至产生疑问。21世纪初,世界经济的格局发生了深刻的变化,同时世界经济正处于一个高度的发展时期。中国和印度包括主要的新兴市场国家的经济增长率,达到了史无前例的高度。世界上1/3以上的人口加入了世界经济。大量的出口和低价格延长了资本主义的经济周期。低利率低通胀加剧了西方以大消费支撑经济增长的模式,使西方发达国家多年的贸易赤字进一步恶化,这加剧了全球东西方收支不平衡的压力。发展中国家,特别是以中国为主的新兴国家的高储蓄和以美国为主的发达国家的过度消费面临着一系列的世界级的重要风险调整。这些调整是否会取得实效,是否能使发展中国家的经济持续增长,是否能实现全球"千年发展目标",这是全世界共同面临的一场巨大的挑战。不同于不久前的亚洲金融危机,这场波及世界的经济危机使人们开始重新审视世界经济金融化的一些基本问题。

2008年美国次贷危机的起因

20世纪末网络经济泡沫破灭,为了使经济软着陆,当时美联储主席阿林·格林斯潘采用了宽松的货币政策。与以往不同的是,他宽松的和相对长时间的货币政策并未引发通胀。这是因为中国对美大量的进口商品和印度对美大量的服务进口，减缓了以往危机后通胀的压力。另外，他"错误"估计了银行系统对风险的自律能力，低估了市场对复杂的次贷金融衍生产品的风险了解和正确定价的可能性。当然，这不能全怪格林斯潘，因为一个人的认知很难超出他所处的时代和资本市场本身存在的问题。例如，资本主义过度超前的和高杠杆式的消费，继而产生的美国三十多年来的持高不下的外贸和财政双赤字，美国政府向少数大银行企业和商界倾斜（而不是向市场倾斜，保护广大中小投资者和消费者）的政策以及金融证券评估机构严重丧失独立性的问题都远远超出了格林斯潘的想象力。所以，美国复杂的监管机构并没有使美国避免这场次贷危机。这是一场在金融和经济两个层面引发的危机（见图4.9美次贷危机的两条导火索）。

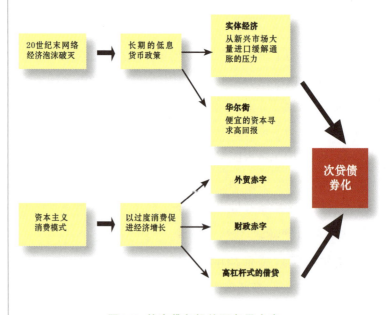

图4.9 美次贷危机的两条导火索

贪婪是人性黑暗的一面，自古存在。而美次贷金融衍生产品的全球化把资本主义破坏性的一面大大放大了。当网络经济泡沫破灭后，利率的提高暴露了在房屋市场消费者高杠杆式超前消费的问题和在金融市场由于低息和廉价的资金使银行不顾风险地把资金不负责任疯狂地放贷和追逐利润的行为。当房价大跌，银行资产大幅度缩水，又进一步导致了金融市场流动资金的冻结和接之而来的实体经济的危机（见图4.10 连锁反应）。

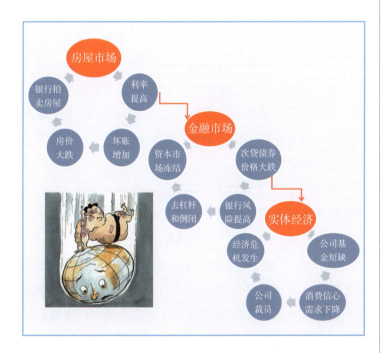

图4.10　连锁反应

2008年全球金融危机的根本原因到底是什么？资本主义全球化的矛盾又在哪里？

　　当虚拟（金融）经济大大超过实体经济的比例，如图4.11美国的实体经济和虚拟经济所示，当美国上市公司的

▲ 美次贷危机留下来的废墟（来自《纽约时报》，2009年7月5日）

价格占其GDP的百分比大大地超过了世界水平时，在政治上，民主政府向银行企业和商界倾斜，而不是向市场倾斜去保护广大消费者和投资者的利益，更危险的是失去了对金融市场破坏作用一面的制衡作用。归结起来，有以下几个问题值得决策者考虑：

● 资本主义全球化和资本市场监管地方化的矛盾。这导致其他各国的政府和银行在迷迷糊糊的情况下被美国的次贷危机绑架了。

● 资本市场的全球化与自由市场原则和国家主权的根本矛盾。国家间的严重经济和政治上的不平等和第二次世界大战延续下来的美元本位制（以美元为世界的主要存贮货币），使世界各国不得不为美国的次贷危机买单。

● 国家利益和全球利益的矛盾。资本市场的全球化要求各国合作和共同协作监管。合作是相当重要的，但世界上没有一个国家愿意为了全球的利益而牺牲本国的利益。与此同时，国际分工的复杂化、产业链的国际化、金融市场的国际化以及开放对发展的推动作用使得各国政府很难，同时也不应该重新回到保护主义和闭门锁国的老路。

● 主要发达国家收支失衡。政府、个人、家庭以及企业入不敷出、债务高筑（见图4.12 世界部分发达国家债务占GDP的百分比）。

● 收入不平等和过度消费的资本主义(见图4.13世界部分发达国家债务占GDP的百分比)，导致人们为了实现和富人一样"高水准"的生活梦而过度超前地消费。以信用卡为生、入不敷出的消费、超前的美式资本主义经济模式不但对生态环境不利，单纯从经济层面上而言也是不可持久的。

● 世界上虚拟经济大约是实体经济的12倍，发展极度失衡 (见图4.12 世界部分发达国家债务占GDP的百分比和图4.13全球金融衍生品的市场总额和种类)。实体经济金融资本化的畸形发展已远远超出了金融监管的能力。

● 金融产业私有化和金融服务社会化的矛盾。

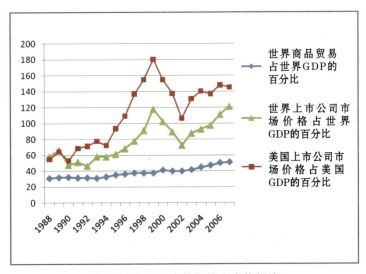

图4.11 美国的实体经济和虚拟经济

资料来源：世界银行

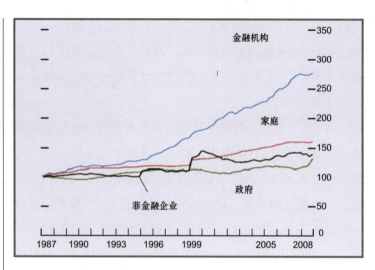

图4.12 世界部分发达国家债务占GDP的百分比（1987=100）

资料来源：日本央行、美经济分析局、美联储、美国家统计局、国际基金组织

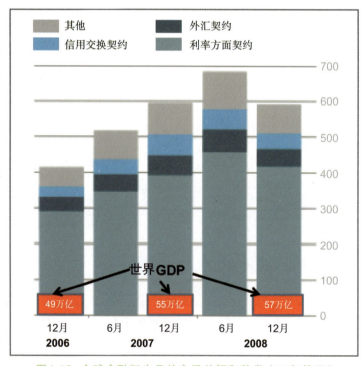

图4.13 全球金融衍生品的市场总额和种类（万亿美元）

资料来源：国际结算银行

用"社会主义"的药方救资本主义的命

危险的和遍及世界的房产泡沫和美国的次贷危机全球化出现了。如果马克思还活着，他无疑会指出尽管面临当前的困境，经济危机和浩劫本身将不会自动带来整个系统的改变。马克思很了解资本主义。资本主义"人和人之间除了赤裸裸的利害关系，除了冷酷无情的现金交易，就再也没有任何别的联系了"。个人面临经济危机，房屋被银行没收，企业大量裁员。马克思认为，这正是全世界无产者联合起来和赢取民主斗争的动因。然而事实上，往往是全世界的资产阶级联合起来而全世界无产者大都蒙在鼓里。更为可怕是为挽救资本主义买单。目前减少华尔街金融主管的薪金或像瑞典和日本在金融危机期间将银行国有化的举动并非真正的、在认识资本主义基础上的、革新的举动。

有意思的是，现在各国银行为了激活他们的金融市场，有意识或无意识地为私有银行大量注资并把本国银行国有化。更准确地说是社会（主义）化。这与20世纪上半叶的资本主义大萧条时期是何等相似。最近，一位来自伦敦政治经济学院的经济学家威廉·布特，以前他是英国中央银行货币政策委员会的成员和一个非马克思主义者。他提议将整个金融行业改变成公共事业。他认为在现代社会里的银行，在没有政府公众存款保险和中央银行作最后资本的贷方的条件下，是不可能存在的。因此，银行不应该作为私营的和营利的机构继续存在。相反，银行应该是以公有的形式为大众和社会提供服务。这个提案与马克思的银行国有化和信贷集中化的要求相吻合。对他来说，金融体制的改革应为赢取工人阶级的"民主的争斗"为前提。这种思路从根本上改变了国家将银行金融业的监管地位提高到负责的地位。用威廉·布特的话来说："从经济的金融化到金融的社会化对律师来说是小进步，对人类来说是巨大的进步。"看来经济的金融化所带来的资本主义创造性只有在金融的社会化前提下才有可能为大多数人服务，而不是用来吹鼓华尔街金融主管的钱袋！西方世界这些年过度重视市场的万能、亚当·斯密的"无形的手"和资本主义的创造性，而忽视了马克思主义对资本主义破坏性的警示和"有形的手"的监督作用。为金融危机寻求出路也可能为今天的许多全球问题提供新的启示。例如，不必去建立国际碳释放量信用市场来解决气候危机。我们可否考虑"非"市场性解决方案，例如国际各国政府的联合监管。

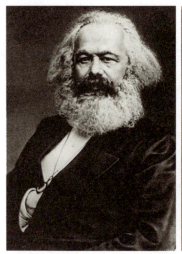

▲ 卡尔·马克思和资本主义金字塔结构

卡尔·马克思与亚当·斯密关于经济金融化和资本市场全球化的论点

也许到目前为止，还没有人像马克思和恩格斯那样理解资本主义，让我们重温一下《共产党宣言》中的一

些论述:

"美洲的发现、绕过非洲的航行, 给新兴的资产阶级开辟了新天地。东印度和中国的市场、美洲的殖民化、对殖民地的贸易、交换手段和一般的商品的增加, 使商业、航海业和工业空前高涨, 因而使正在崩溃的封建社会内部的革命因素迅速发展。

以前那种封建的或行会的工业经营方式已经不能满足随着新市场的出现而增加的需求了。工场手工业代替了这种经营方式。行会师傅被工业的中间等级排挤掉了; 各种行业组织之间的分工随着各个作坊内部的分工的出现而消失了。

但是, 市场总是在扩大, 需求总是在增加。甚至工场手工业也不再能满足需要了。于是, 蒸汽和机器引起了工业生产的革命。现代大工业代替了工场手工业; 工业中的百万富翁, 一支一支产业大军的首领, 现代资产者, 代替了工业的中间等级。

大工业建立了由美洲的发现所准备好的世界市场。世界市场使商业、航海业和陆路交通得到了巨大的发展。这种发展又反过来促进了工业的扩展, 同时, 随着工业、商业、航海业和铁路的扩展, 资产阶级也在同一程度上得到发展, 增加自己的资本, 把中世纪遗留下来的一切阶级都排挤到后面去。

由此可见, 现代资产阶级本身是一个长期发展过程的产物, 是生产方式和交换方式的一系列变革的产物。

资产阶级的这种发展的每一个阶段, 都伴随着相应的政治上的进展。它在封建主统治下是被压迫的等级，在公社里是武装的和自治的团体，在一些地方组成独立的城市共和国，在另一些地方组成君主国中的纳税的第三等级；后来，在工场手工业时期，它是等级制君主国或专制君主国中同贵族抗衡的势力，而且是大君主国的主要基础；最后，从大工业和世界市场建立的时候起，它在现代的代议制国家里夺得了独占的政治统治。现代的国家政权不过是管理整个资产阶级的共同事务的委员会罢了。资产阶级在历史上曾经起过非常革命的作用。

资产阶级在它已经取得了统治的地方把一切封建的、宗法的和田园诗般的关系都破坏了。它无情地斩断了把人们束缚于天然尊长的形形色色的封建羁绊，它使人和人之间除了赤裸裸的利害关系，除了冷酷无情的"现金交易"，就再也没有任何别的联系了。它把宗教虔诚、骑士热忱、小市民伤感这些情感的神圣发作，淹没在利己主义打算的冰水之中。它把人的尊严变成了交换价值，用一种没有良心的贸易自由代替了无数特许的和自力挣得的自由。总而言之，它用公开的、无耻的、直接的、露骨的剥削代替了由宗教幻想和政治幻想掩盖着的剥削。

资产阶级抹去了一切向来受人尊崇和令人敬畏的职业的神圣光环。它把医生、律师、教士、诗人和学者变成了它出钱招雇的雇佣劳动者。

资产阶级撕下了罩在家庭关系上的温情脉脉的面纱，把这种关系变成了纯粹的金钱关系。

资产阶级揭示了，在中世纪深受反动派称许的那种人力的野蛮使用，是以极端怠惰作为相应补充的。

它第一个证明了，人的活动能够取得什么样的成就。它创造了完全不同于埃及金字塔、罗马水道和哥特式教堂的奇迹；它完成了完全不同于民族大迁徙和十字军东征的远征。

资产阶级除非对生产工具，从而对生产关系，从而对全部社会关系不断地进行革命，否则就不能生存下去。反之，原封不动地保持旧的生产方式，却是过去的一切工业阶级生存的首要条件。生产的不断变革，一切社会状况不停的动荡，永远的不安定和变动，这就是资产阶级时代不同于过去一切时代的地方。一切固定的僵化的关系以及与之相适应的因素被尊崇的观念和见解都被消除了，一切新形成的关系等不到固定下来就陈旧了。一切等级的和固定的东西都烟消云散了，一切神圣的东西都被亵渎了。人们终于不得不用冷静的眼光来看他们的生活地位、他们的相互关系。

不断扩大产品销路的需要，驱使资产阶级奔走于全球各地。它必须到处落户，到处开发，到处建立联系。

资产阶级，由于开拓了世界市场，使一切国家的生产和消费都成为世界性的了。使反动派大为惋惜的是，资产阶级挖掉了工业脚下的民族基础。古老的民族工业被消灭了，并且每天都还在被消灭。它们被新的工业排挤掉了，新的工业的建立已经成为一切文明民族的生命攸关的问题；这些工业所加工的，已经不是本地的原料，而是来自极其遥远的地区的原料；它们的产品不仅供本国消费，而且同时供世界各地消费。旧的、靠本国产品来满足的需要，被新的、要靠极其遥远的国家和地带的产品来满足的需要所代替了。过去那种地方的和民族的自给自足和闭关自守状态，被各民族的各方面的互相往来和各方面的互相依赖所代替了。物质的生产是如此，精神的生产也是如此。各民族的精神产品成了公共的财产。民族的片面性和局限性日益成为不可能，于是由许多种民族的和地方的文学形成了一种世界的文学。封建社会内部的革命因素迅速发展。

资产阶级，由于一切生产工具的迅速改进，由于交通的极其便利，把一切民族甚至最野蛮的民族都卷到文明中来了。它的商品的低廉价格，是它用来摧毁一切万里长城、征服野蛮人最顽强的仇外心理的重炮。它迫使一切民族——如果它们不想灭亡的话——采用资产阶级的生产方式；它迫使它们在自己那里推行所谓文明，即变成资产者。一句话，它按照自己的面貌为自己创造出一个世界。

资产阶级使农村屈服于城市的统治。它创立了巨大的城市，使城市人口比农村人口大大增加起来，因而使很大一部分居民脱离了农村生活的愚昧状态。正像它使农村从属于城市一样，它使未开化和半开化的国家从属于文明的国家，使农民的民族从属于资产阶级的民族，使东方从属于西方。"

一百六十多年后的今天。重读马克思和恩格斯的《共产党宣言》，可以看出他们似乎精确地预言了远远超越他们时代的资本主义全球化，准确地预见了今天的世界市场、商品生产、金融市场的投机活动和形成全球性经济危机的许多重大因素。他们似乎预感到贝尔斯登和利曼兄弟公司与今天其他的华尔街银行家和金融机构经营者的命运。正如马克思在《共产主义宣言》中所说, 资产阶级要按照自己的面貌创造出一个全球资本主义世界。像每个革命家一样, 马克思很希望在有生之年看到资本主义被推翻, 被新的制度所代替。但是资本主义的活力和寿命远远超过他们的想象。但如果马克思活着的话, 他一定会指出资本主义是怎样导致了当前的危机。他会不难预见到现代金融和资本市场的发展、资本证券化和金融衍生品的全球化, 更重要的是金融资本风险的市场和全球化。没有这些金融创新, 资本积累在过去的10年期间将不会积累得如此之快。金融已变成我们生活不可分割的一部分, 它深深地贯穿于社会的每一个角落。在西方, 消费者越来越需要用信用卡和抵押债务来维持其消费水平和经济的繁荣。而与此同时, 工会的力量、社会保障的力量在日益减少和减弱, 使人们对市场风险的抵抗能力更加脆弱。政府和个人的杠杆式投资、杠杆式消费, 大大吹鼓了资本家的腰包, 也推动了全球性金融的"繁荣"和整体的经济增长, 同时也导致了一系列不可避免的金融泡沫。

　　九十多年前的1919年3月, 面对另一场经济危机, 列宁论述了当代资本主义的困境。尽管继这之后, 当时美国和欧洲的经济进一步消沉, 随之而来的是20世纪30年代的大萧条, 直至第二次世界大战的结束。但是市场经济展现出格外的活力, 过去60年全球性经济的高速发展是史无前例的。但是2008年秋天以来的全球性经济危机导致经济突然急速滑坡, 各国政府尽管投入了史无前例的公共救市基金也不见起色。最重要的问题不在于我们是否已面临资本主义的末日, 而是要了解资本主义的本质和如何改变这个局面。

读者要了解亚当·斯密从未直接使用过"资本主义"这个词。他是一位英国苏格兰道德哲学家和政治经济学家，他所著的《道德情操论》(1759年) 是一部讲述关于道德、哲学、心理学和方法论的书。此书为以后他的许多著作奠定了基础，包括他的《国富论》(1776年)。大多数人都知道《国富论》是第一本阐述欧洲产业和商业发展历史的经典著作，而它的作者亚当·斯密是一位著名的经济学家。但是很少有人了解亚当·斯密首先是一名研究道德的哲学家。他和马克思一样关注社会的不平等、贫富差别、社会公正和正义的问题。而他的这些疑问在自由市场经济的理论中找到了答案。如第三章中所述的亚当·斯密有关贸易分工的理论，斯密认为，社会的商业活动会推动社会劳动分工的形成。例如，在商业活动产生之前，人们为了生活，过着自给自足的生活，要自己做面包、酿酒、养牛、织布做衣服。而在商业社会里，社会中每个人利用自己的专长，在市场中以自己的服务去换取他人的服务和产品。当每个人变成面包师、酿酒师、屠户、裁缝或消费者时，社会的效率和财富增加了，每个人的消费选择也增加了。更重要的是，在这样的社会里没有人具有绝对的权力。在这个互相依存的社会中，每个人的财富取决于消费者对他/她的产品和服务的需求程度。这样的社会要比封建的世袭社会和谐得多。一个国王，即便他有很多奴隶，很有权威，也需要强大的护卫队来保护他以避免奴隶造反。而在一个商业社会，每个人都是自由职业者，在互相依存的、公平竞争的、平等的商品交易中获利。这样一个理想的社会连警察也不需要太多。总之，他的结论是自由市场经济是通向和建立和谐社会的基础和途径。当然在不到100年后，商业社会发展成资本主义社会，资本主义从自由竞争走向垄断，贫富差别扩大。这也许就是为什么亚当·斯密的理论与马克思的阶级冲突和全世界无产阶级必须联合起来的结论是截然不同的缘故。

然而准确地说到底什么是资本主义？标准定义是从资本家的角度来看，市场是进行经济交易活动的必要条件。同时，市场活动中要依赖交易者双方的谋利动机和保护（个人在市场经济中的交易所得）私有制是资本主义原始模型的特点。然而，这些是必要的条件和要求，不是当今市场运作的充分条件。在我们当前的经济活动中，在世界大多数发达国家，例如在欧洲国家、美国、加拿大、日本、新加坡、韩国、澳大利亚，在市场之外发生的交易可是不少。如教育基金、养老金、社会保险和医疗基金的"市场"可不是纯粹"自由"的，而是以利益最大化驱动的市场和"有组织的管理机构"的结合。

在亚当·斯密笔下的面包师、酿酒师、屠户、裁缝和消费者要通过市场做买卖。而市场的交易行为是建立在互相信赖的基础上的。这也就是说，买主和卖主要按照契约和事先谈好的价格来成交，不能赖账。而历史证明，只依赖市场本身的机制和以每个人为自己谋私利的交易动机来自然地建立这个互相信赖的机制是失败的。这也就是为什么市场需要制度、法律和一些行政手段来管理的原因。市场的监管机制与市场的自由机制是对立统一的。特别是交易的商品愈复杂，监管则愈重要。金融衍生品在愈变愈复杂和愈变愈数学化的同时忘记了在交易中透明、简单和直截了当的好处。例如，次贷抵押债券买卖的双方对它的风险都不了解就别提它的价钱了。同时交易的双方愈大愈复杂监管则愈重要。例如，跨国的大银行除商业金融业务外还同时经营投资业务，跨国的大制造公司除产品的生产营销外还经营投资和银行业务。由于各国的监管和法律不同，会计和评级的标准也不一样，所以，国际市场上的金融债券和金融风险交易的监管就更困难了。除了技术上的困难，在政治上如何制定金融市场的交易规则以保护大多数投资者的利益也变得困难起来，特别是当华尔街对GDP的比重愈升愈高的时候，华尔街的势力不单单控制了华盛顿和美国的财政部，而且虚拟的金融经济控制了美国的实体经济。由于美国对全球经济举足轻重的地位和美元是全球经济的主要储存货币，这个后果对全球金融市场的负面冲击是可想而知的。另外，如前所述，金融产业深深影响社会的公益社保事业，这个行业的社会角色远远超出一般制造业对社会的影响。所以，用社会主义的思路来考虑金融业的问题是值得探讨的。

在加强国际合作方面也已出现了新的进展。2009年4月，在20国合作和推动的基础上建立了国际财政稳定委员会(FSB)，取代了原来的国际财政稳定论坛(FSF)，为广泛的国际金融风险监测、监管、协调、信息交换、管理标准的制定建立了一个全球性平台。

中国与资本市场全球化

继1997年到1998年间的亚洲金融危机之后，有一系列的金融危机和货币危机发生，由此可见，这并非是一个独立的事件。回顾历史，自1971年布雷顿森林体系解体和以美元为主的浮动汇率引入后，研究表明，平均每19个月就会发生一次地区或世界性的货币或金融危机。学者和政策制定者都对全球金融市场的脆弱性表示担忧。这些反复出现的危机和问题, 已经迫使国际货币基金组织和世界银行重新制定了自己的战略。

也许在资本全球化的今天, 危机是难以避免的。如上所述, 资本全球化是一把双刃剑。毫无疑问, 这次世界性的金融海啸为中国在世界的崛起提供了一个历史的机遇。由于至今未开放资本账户, 中国的经济在1997年的亚洲金融危机和2008年的世界金融海啸中在很大程度上得到了这个防火墙的保护。这是好事, 也是坏事。所谓坏事, 是指中国金融系统的弱点没有得到暴露和实习的机会。中国资本账户的开放和人民币的国际化是早晚的事, 同时也是中国利用这个历史机遇的必经之路。如何在资本市场全球化的大海里游泳, 中国还有一段路要走。在贸易强国方面, 中国有一个良好的开端。但下一场的金融强国战争难度要大得多。日本和一些东南亚国家都为此栽了跟头。希望中国在国际经济金融化的过程中, 找到一条自己独特的发展强国道路。

案例一 : 抵御贫穷的武器 : 格莱珉银行

一家向穷人提供贷款的银行怎么能够生存下去呢? 这也正是尤努斯乡村银行所做的, 这家银行位于孟加拉, 就像广为人知的那样, 传统银行业务依赖于客户的信用历史和客户的连带责任担保。例如, 为了申请银行贷款, 客户就必须拥有良好的信用历史, 或用房屋和其他财产作保, 用来抵御信用风险。但尤努斯乡村银行向孟加拉农村地区最贫穷的人们提供贷款, 无需任何信用历史和财产抵押作保。这些也正是传统银行无法向穷人提供贷款的原因。穆罕穆德·尤努斯教授是格莱珉银行的创立者和经营指导者。他认为 "成百万的分散的穷人和购买力, 可以合起来创造出巨大的发展奇迹"。妇女通常是构成家庭的主要支柱，她们在借款后不大有可能违约，并且对还款有很大的责任感，结果乡村银行的主要客户群就是妇女，为她们提供小额、长期贷款。这种业务对尤努斯乡村银行和它的客户群都是有利的，多年以来，微观层面上的贷款业务已经使传统银行业务转向为不再需要抵押贷款了，尤努斯乡村银行已经创立了一套基于"相互信任、责任感、参与和创造性"的银行机制。

格莱珉银行具有聪慧的思想和革命性的银行观念，开创了一个崭新的为百万穷人谋福利的新局面。截至2004年7月，尤努斯乡村银行已经拥有了370万名借贷者，其中96%的客户是妇女，1 267家全国分支机构服务于46 000个乡村，覆盖了孟加拉68%的农村地区。利用微观金融来抵御全球的贫穷问题，给全球最贫穷的人们带来机遇——受资助的大部分为自主创业的妇女，已经证明这是一种强有效的脱贫手段。受到世界银行认同的格莱珉银行，其微观层次的金融实践已经覆盖到孟加拉农村地区的百万穷人。穆罕穆德·尤努斯教授因此在2006年获得诺贝尔奖。当然，这个商业模式在有些国家的实践是失败的，因为它演变成了利用高利贷骗取穷人钱的工具。

案例二：世界金融炒家乔治·索罗斯先生

乔治·索罗斯先生是在匈牙利出生的金融家，是一位聪明的投资者和一位对自由放纵的资本主义制度的批判者和评论家，同时也是一位国际知名的慈善家。他是量子基金的主要合伙人。这个对冲基金投资一些像股票、债券和货币等金融短线买卖。短线买卖意味着在短期买进或卖出外汇、股票、债券或基金，并在市场中利用金融衍生工具进行杠杆交易。20世纪90年代初，量子基金曾花10亿英镑的赌注来阻击英镑，后来迫使英国不得不于1993年从欧洲货币体系中退出。

索罗斯的此次货币交易，是建立在英镑对德国马克将会贬值的判断基础上的。索罗斯通过在现货市场上借进数十亿的英镑，然后在远期市场上卖出英镑买进德国马克。由于这项巨大的交易额和索罗斯在金融界的名誉，这一行为在市场上立刻引起了牧群效应，市场上爆发了抛售英镑的风暴，使英镑的价值被进一步压低。当英镑确实已经被严重贬值的时候，索罗斯又以更加低的价格用德国马克买入相同数量的英镑。通过两次相反的交易，索罗斯在不到四个星期的时间内，就赚得了近十亿美元的资金。

虽然索罗斯曾经在外汇市场上进行过几次精彩的交易，包括对泰铢的阻击（导致亚洲金融危机），但他有时也会出现预测失误，并因此遭受过大额资金损失，例如对日元和港币的阻击。但是，他的基金自1997年以来的回报率平均都在40%以上。由于他的历史纪录，他在市场中获得了一种可以凭此就能颠覆市场的影响力。在亚洲金融货币危机期间，一些亚洲的高层领导人，特别是马来西亚的总理，对于索罗斯冲击亚洲货币的行为十分不满，并谴责索罗斯的行为是一种罪恶的行为。索罗斯否定了这些对他的指责，并指出他的基金有利于市场保持稳定。

▲ 乔治·索罗斯(1930—)

问题:

1. 请分别解释世界货币基金市场对一个国家、投资者、老百姓和世界经济稳定发展的正面影响和负面影响。

2. 亚洲金融危机的爆发是索罗斯的错吗?

乔治·索罗斯是索罗斯基金的"头",同时也是在发展中国家建立开放社会的一个全球非政府组织的创始人。他一直都在致力于推动建立开放的民主社会。他已经在全球化这个话题上写了好几本书了。有趣的是,虽然他从金融市场全球化中获得了巨大的利润,但他却又是一位强有力的资本市场全球化的批评家。尤其突出的是,他一直在警告人们要关注金融市场全球化过快而引起的风险。索罗斯也指出,我们现存的政治制度和跨国机构已经远远落后于全球资本市场的发展。他建议我们应当在金融市场中采取一些干涉性措施,来避免市场上大破坏性的力量失控。他一方面作为市场经济的信奉者被人尊敬,另一方面又是一个对金融资本全球化持怀疑态度的人。在经济全球化的争论中他扮演着双重角色。

第五章
跨国公司全球化：吸血鬼还是奉献者

引　言

　　跨国公司正在飞速地和静悄悄地改变着我们的衣食住行。当周游世界或看电视新闻时，你会发现世界上人们的衣着打扮、连锁式商店的经营方式、交通工具、购物和旅游的消费模式正在变得日益相似。当旅游和出差时，你会发现无论是在北京、上海、广州、香港还是在曼谷、科隆、新德里或墨西哥城，满街的汽车、大型类似的购物商城、快餐店到处可见，这些全球连锁店的建筑甚至具有相同的颜色、外观形象和建筑结构，并且提供同样种类的商品，当然你也会发现一些地方性的差异。大街上卖的饮料也是如此，可口可乐和百事可乐到处都是，其他全球著名的品牌也同样如此。唯一的差别就是标签所使用的语言不同。在世界的任何地方，年轻人的穿着也很相似：T恤衫、牛仔服和同一个品牌的皮鞋和运动鞋；女孩子们相似的化妆部位、修饰行为和发型。唯一的差别就在于他们的体型和肤色，而不是服装。这就是我们这个世界的新面孔，一个被跨国公司在最近二十多年时间里所创造的一个商业社会。一些成功的亚洲工业化社会已经成为了西方模式下 "好生活" 的一个标志。从以前的章节中可以看到，这个世界正随着人、货物、资本和技术不断地跨国流动而走到一起。在这些流动的背后，最有力量的推动力就是跨国公司的存在和发展，它们全球产业链的经营、跨国人力资源的组织形式、世界自然资源的利用、大规模的生产模式、市场营销手段，其结果是从最偏远的非洲乡村到中国的大城市，跨国公司已经对人们的生活产生了深远的影响。

你也许去过家乐福或沃尔玛买过东西。你知道沃尔玛是世界上最大的跨国公司之一吗？沃尔玛的传奇开始于山姆·沃尔顿。它起源于美国阿肯色州班顿维尔小镇一个小百货店。自从那时起，这家公司的扩张就从未停止过。1971年沃尔玛上市以后，实现了其发展的重大转折。2009年，这家公司在美国拥有4 100家百货商店，在世界其他国家拥有7 900家商场。无论是在国内还是国外，你都可以到这家庞大的零售商店购物。在沃尔玛，你几乎可以买到任何东西，从锅碗瓢盆到衣服、电脑、杂货食品、化妆品等。而且在某些沃尔玛连锁店里，你甚至还可以买到汽车。沃尔玛在很多连锁店还设有银行、自动取款机、照相馆、眼镜店、面包店、药房甚至还有餐馆。除此之外，沃尔玛所销售的产品质量良好，价格也比较便宜，服务友善，效率高。如果你时间紧，不想通过收银员来结账，你还可以利用自动化的结算柜台。

沃尔玛是世界上最大的跨国公司之一，2009年具有4 010亿美

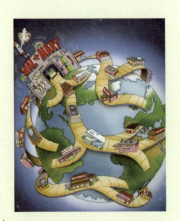

▲ 跨国公司沃尔玛的全球运作

元的销售额，在全球有二百多万名雇员。沃尔玛的经营目标是，要在零售商出售的每一个主要产品上占到30％的市场份额。它高效率的经营信息系统可使卖家在顾客刷卡时瞬时地跟踪消费需求，并将顾客的需求瞬时通知和组织遍及全球的供应商生产提供所需商品，实现更高的流通率，提供快捷的服务，从而获得更高的利润。沃尔玛以它巨大的全球销售额为谈判筹码将供应商的价格压到最低，这样它可以在整个世界市场上以最低的价格购买高质量的商品。那些节约下来的成本将毫无疑问地转移到消费者身上。另外，因为有了沃尔玛，顾客不仅能够买到所有过去在当地商店里能买到的商品，而且还有机会买到来自国外的丰富多样的商品。沃尔玛独特的商业模式还帮助了数亿欠发达地区的消费者，以其便宜的价格增加了顾客的购买力并提高了他们的生活水平。

然而，沃尔玛的成功并不是每个人都欢迎的。沃尔玛常常被看作是一个文化使者，因为它卖与不卖某种商品的决定，影响着一个国家的文化；另外，它大批量和高效率的销售模式，使当地小家小户的传统商业方式被一扫而光。空荡的店面之后伴随着的是传统小镇文化的衰退和消失。2004年4月，加利福尼亚州的英格尔-沃德镇的人们反对沃尔玛在当地建立一个大约有17个足球场那么大的超级商城的建议。虽然沃尔玛为当地老百姓带来了不可否认的好处，但是批评者指责沃尔玛毁坏了当地社会的价值观和文化，经济上减少了当地生产商和小型企业所提供的就业机会，否认了工人们成立工会的权利并限制了雇员的利益，甚至容忍童工的存在，剥削美国雇员和外国的工人。

然而，作为本书的读者，你又怎样来看这个问题呢？

作为一个沃尔玛的顾客，一个当地小商店的老板，一个当地小商店老板的供应商，一个沃尔玛的员工，一个关注社会正义的学生，一个沃尔玛的供货商，或者是作为一个在中国为沃尔玛生产玩具的员工，你的感觉又是如何呢？沃尔玛应该对这些未解决的社会问题承担责任吗？像沃尔玛这样的跨国公司到底是吸血鬼还是奉献者呢？毕竟，跨国企业只是一个为满足世界商品和服务需求而存在的商业公司，没有一个人强迫你或其他任何人去沃尔玛购物。你认为像沃尔玛这样的跨国公司应该为当地社会利益负责任吗？需要指出的是，从沃尔玛在阿肯色州开办它的第一家商店的那天起，沃尔玛的首要目标一直是满足人们对较便宜的高质量商品的需求，而不是其他目标。

▲ 沃尔玛的过去和现在

什么是跨国公司？

　　跨国公司是指在两个或两个以上的国家生产、加工、提供服务或者销售的企业。历史上跨国经营在4个伟大知名的帝国时代就很发达。为了扩大国际贸易和加深国际上的商业往来，跨国公司作为一种组织形式开始出现，英国东印度公司（1600年）和荷兰东印度公司（1602年）就是在这时候出现的。然而，我们今天所见的跨国公司的现代形态和经营主要起源于第二次世界大战以后美国的跨国公司。紧随这之后的是欧盟和日本企业的国际性扩张。自从1989年冷战结束，跨国公司开始大量投资于俄国和东欧国家以及中国。这些国家特别是中国也随着国际贸易的发展，出现了自己的跨国公司并向海外发展。同时来自于其他发展中国家的跨国公司也变得十分显著。这些发展中国家的跨国公司，特别是亚太地区的公司，正在以比发达国家对手更快的速度走向世界。

许多人把跨国公司与大企业联系起来，这些大企业拥有广阔的全球性组织网络和复杂的经营模式，比如波音、通用电气、西门子、大众、福特、索尼、飞利浦、宝洁、沃尔玛等。然而，由于信息技术的力量，一些销售收入只有几十亿美元的中小型跨国公司在最近几年也发展得很快，它们作为跨国公司从事全球商业活动的比例有了显著增加。目前许多新生的企业实际上天生就是面对全球的。技术的发展首先已为它们打开世界市场奠定了基础。只要一个公司把它的产品放在公司的网页上，它实际上就是在面向世界市场做广告。随着国外订货单的涌入，出口销售不再能够满足其不断上升的世界需求和面对的国际竞争，跨国公司作为一种组织形式就出现了。为了有效地满足国外的消费者，一个公司不得不在国外开始本土化生产，而本土化生产要求以合资或完全独资的方式对外直接投资，这就是跨国公司诞生的起因。

美国跨国公司的历史

19世纪晚期的一位美国记者安布罗斯·比尔斯说过："企业是一个为避免个人责任而发明的获取利润的工具。"如同在其他许多国家一样，美国的企业也是这样诞生的。它是从家庭作坊演变来的，比如从农场、店铺到小镇里的杂货店。然而，与英国的企业是由英国王权所特许和控制不同的是，美国企业是由选举出来的立法机构来授权的。美国早期的公司章程基本上是合同制，它定义了公司的权利、义务和限制条件，如限定一个公司可持续运行的年限。例如，在一些州，采矿企业被限定从事40年的经营活动而银行被授予3～7年的特许经营期。在美国国内战争期间（1861～1865年），权力的重心开始从政府立法机构向企业和它的所有者转移。因为在战争时期，政府需要企业来生产关键的战争供给品，比如制服和武器。在利润的驱使下，企业开始游说和影响立法者，从而逐渐地淡化了公众对企业的监督和控制。战争之后，经济的萧条、高失业和腐败进一步弱化了政府的控制，从而创造了为壮大企业政治力量和施展经济实力的机会。约翰·洛克菲勒(1839～1937年)、J.P.摩根(1837～1913年)、安德鲁·卡内基(1835～1919年)和托马斯·麦隆(1803～1908年)都是这一时期美国著名的企业家。许多行业经过数年残酷的竞争、淘汰、巩固和联合之后，大企业对关键性经济产业部门和政府主要立法机构取得了空前的控制权。这种控制导致和促使立法部门重新修订法律以支持企业的发展。例如，减少企业所有者的责任和授予永久性的商业经营权。

公司为何要走向世界？

在国外做生意明显要比在国内做生意更具挑战。国外巨大的市场能提供更多的商业机会、较弱的当地竞争环境、廉价的原材料和劳动力。为了赢得竞争，企业会主动走向国外。以下总结了三个主要的原因：

● 寻求市场：寻求尚未开发或正处于成长中的市场。

● 寻求资源：寻求本地没有的或便宜或更高质量的资源，包括原材料、技术工人。

● 寻求科技知识和创意：寻求世界各地涌现出的新科技观念、技术和创意。

寻求市场

为了确保长期的竞争地位，各种类型的企业冒着风险进入新市场来寻求发展。当地的市场饱和，企业通常会移师海外。有时，一家企业甚至在国内市场发挥充分的潜力之前，就可能会冒险进入外国市场。沃尔玛就是一个市场寻求的例子，它在任何一个有着大量潜在消费者的地方开店。其他的市场寻求型企业包括戴尔、IBM和主要的信用卡公司。无论是在美国还是在世界的其他地方，这些企业需要向尽可能多的消费者出售电脑，或者推销他们的威士卡和万事达卡。美国市场虽然大，但是它仍不可能满足企业的生产规模和潜力，或者是由于激烈竞争的原因等。这些因素促使企业为保持竞争力而向海外扩展。培育一个全球性的品牌和提供全球范围内的标准化服务使得跨国公司不仅能使它们的经营变得非常划算，而且能获得全球性的消费者。通过做这些，它们创造了一个全球性的市场和培育出一种强大的跨国但又是公司内在的组织力量去协调世界各地的需求和供给。虽然国家间的差异是持久性的，但重要的是，至少对于某些商品如饮料、快餐服务、T-恤衫、牛仔服而言，全球的消费市场正趋于相似。因为，在外国商业性侵入的影响下，这些商品的文化、品味或价值上的差异正在变得模糊，或者甚至是正在消失。

寻求资源

企业进入全球市场的另一个主要原因是为了寻求更好的生产资源。因为这些资源，如土地、劳动力、能源、企业特需的生产资料、资金或者资本在国外会更便宜。例如，雇用一位受过良好教育、训练有素、有技术的劳动者，只需非常低的或者有世界竞争性的工资（通常高于本地水平），这对外国投资者而言是非常有吸引力的人力资本。正如前面所讲到的沃尔玛，它同时也是一个资源寻求型的跨国公司，它在全世界生产和采购产品。在沃尔玛商城购物的消费者会发现，他们所购买的商品很多产于国外。同理，当在外国车行那里购买汽车的时候，消费者也许更希望购买一辆地道外国产的汽车。然而，在多数的情况下，一辆外国品牌的汽车在很大程度上是在本地生产和制造的。

寻求科技知识和创意

企业进入外国市场的第三个原因是为了寻求科技知识和创意，还有富于竞争性的市场条件和有利于企业发展的创业文化，以此来增强它们的竞争力。科技知识和创意，例如，使用不同的管理方式组织生产活动、先进的营销管理理念、集资模式、新产品理念和特有的商业经营模式等。如在信息产业方面，许多外国公司选择在美国加利福尼亚的圣何塞硅谷去创建它们的美国分支机构，为的就是有机会接触那里的竞争性和创新性的文化理念、先进的科技知识和思想。出于同样的原因，美国公司投资于中国和印度并在当地建立研究与开发机构，以获得适于当地条件的软件和产品开发。例如，由于手机在中国和印度市场中的广泛使用，使这两个市场在手机的软件开发和设计创意上具有全球竞争力，所以，这两个国家成了手机研发地的首选。全球化已经创造了一个有活力和竞争性的世界，在这个世界中，没有一个公司能在某个行业中确保其领先的位置。当某个行业的创意中心随着当地和世界市场条件的变化而在全球范围内移动时，企业为了保持其在行业中的领先地位就必须作出战略性决策和投资，以吸收当地最新出现的知识、思想、理念。研究证明，那些在全球各地拥有市场份额和廉价资源的企业已不能继续保持其竞争力。全球化和科学技术已经为许多企业提供了通向世界市场的途径，并加快了其速度，竞争已经日益集中在赢得具体的科技创意以及将其商业化的商业模式和竞争机制上了。而这是由一个在给定时期内给定地方的给定行业中的竞争性文化和机遇所决定的。那些能够迅速鉴别出一个潜在的科技领域，并作出进入这些领域的战略性投资的企业，就有可能赢得全球化的竞争地位。例如，微软、宝洁、通用汽车都在中国建立了它们的研究与开发机构，不仅是因为那里有正在形成的巨大的消费者市场、廉价的劳动力和原材料，而且是为了获取在中国市场上不断涌现出的从跨文化的经营理念到新产品的开发创意。

跨国公司和经济国界消失的世界

跨国公司如何经营？

为了寻求市场、资源、科技创意，跨国公司的跨国组织管理结构、世界级生产规模和在各国与全球经济上举足轻重的地位使得它们成为全球化中最瞩目的参与者。图5.1跨国公司的运作以图解的方式，显示了跨国公司是如何将世界各国的市场纳入其公司内部的计划、决策和公司的全球战略中去的。如图5.1所示，某一家跨国公司，总部位于美国，其子公司（即所谓的国外分支机构）分布于三个大陆。这家公司在它的全世界的分支机构经营生产、贸易、进行投资和借贷以及其他的商业活动。这里请注意，这些公司开展的是企业内部的跨国贸易。这种所谓的"企业内部的跨国贸易"可以使公司充分利用国与国之间的汇差、税差、利差或当地政府的优惠政策来获利，而不依赖

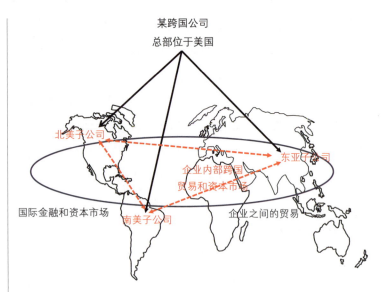

图5.1 跨国公司的运作

供给与需求的外部市场机制。这种现象被称为是国际商业活动内部化，或者说是在公司的自身范围内进行世界贸易和国际工商业务。事实上，这种国际工商业务内部化是跨国公司的一个特点。当跨国公司在其公司内部进行子公司与子公司之间、子公司与母公司之间的国际贸易、资本流动和其他相关的商业活动（叫作企业内贸易资本市场）的同时，它也同国际上的其他公司做生意（叫作企业间贸易）。与它的贸易经营活动相并行，跨国公司还利用世界金融和资本市场。因为，它借用资金投资，并向需要资金、低税率、高利息的地方转移资金。跨国公司也需要国际外汇市场以满足它对国际交易付款的需要。

跨国公司全球经营内部化的4个明显优势如下：

● 更紧密的控制、管理、规划和全球战略制定，以增加企业竞争力。

● 保持企业的软硬专业技术，在世界大范围内发挥其潜力并提高规模效率。

● 扩大地点选择方面的自由，允许企业充分利用每个国家所提供的地区性优势。

● 更有利地利用各国间的汇率、利率、税率、政策之间的差别来获利和进行价格转移。

跨国公司不仅买卖产品、各类服务业务和原材料，而且也在全球金融市场上扮演着主要的角色。除了在全球金融市场上发行股票和债券，在世界货币市场上买卖外汇为它们的经营筹集资金外，它们还通过直接投资的形式在当地建新厂、购买或兼并现存的当地企业。这里值得指出的是，通过对外直接投资可使一家外国企业改头换面，以一个当地企业的面貌出现在本地市场上，从而获得当地的国民待遇。依靠这种方式，跨国公司可以多元本土化战略来利用当地的资源避免贸易壁垒。图5.2跨国公司的海外投资和企业兼并情况显示了跨国公司海外兼并的增长速度大大超过了世界贸易出口和GDP的增长率。跨国公司把世界各国紧紧地在经济上联为一体。

综上所述，跨国公司所创造的世界性生产、消费市场和资本市场，驱使我们每个人在经济上变成了没有国籍的

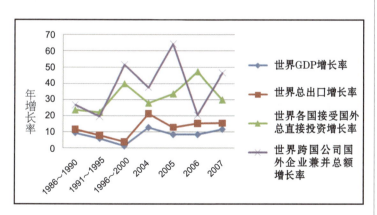

图5.2 跨国公司的海外投资和企业兼并情况

资料来源：《世界投资报告2008》

消费者和投资者。在这个意义上，我们已经成为了世界公民。而从跨国公司的视角来看，全球化为它们提供了更大的机会，而且也赋予了它们更多的社会责任。

全球性产业与跨国公司

跨国公司的运作使越来越多国家的市场被卷入国际商业中来。由于跨国公司的跨国界经营，许多行业，如制造业、金融业、服务业等正在经历着深刻的变化而变得更加全球化。跨国公司的国家概念也随着公司的国际化程度而逐渐淡化。因为跨国公司的市场、资源、竞争和战略是全球性的，跨国公司必须把目光扩展到世界，为实现可持续的发展和竞争优势到国家以外去寻求更好的资源、市场和科学技术知识。以零售业为例，食品零售业正迅速变成全球性行业。大的公司，像前面提到的沃尔玛、法国的家乐福、荷兰的阿霍德（Ahold）和英国的乐购（Tesco），正在迅速地全球化。家乐福——巨型超级市场概念的先驱，目前在三十几个国家开展经营，超过半数的销售额来自海外。沃尔玛有79 000家百货商店位于国外，而阿霍德在美国也同样拥有上千家超级市场，超过70%的销售收入来源于外国。

跨国公司与全球化

全球化为跨国公司的发展创造了条件。同时，跨国公司也加速了全球化的进程。跨国公司以其特有的组织结构，在国际经济活动中灵活地绕开政府干预和克服贸易壁垒。跨国公司具有多国法人身份，充分利用各国的特点，不但适应性强，还学会在全世界寻找适合其发展的环境，甚至有能力改变外部环境来适应其自身的发展。如果一国的政府政策不支持跨国公司的某项经济活动，增加了它做生意的成本，跨国公司将会转移到更加有利于其发展的地方。如果当地的生产成本开始大大上升，企业将会迁出，并重新落户于另一个国家。如果当地市场规模太小，跨国公司将会向海外扩展它的经营。跨国公司具有高度的灵活性和适应性。它充分利用了国家间在规章制度、金融政策和市场条件方面的差异，例如，企业税率、环境法规、政府对国外商业的态度、利率、汇率、劳动成本、市场大小和增长差异。

通过其生产活动的全球化，跨国公司根据国家间的比较优势组织世界资源。比较优势的概念已经在第三章全球化与国际贸易中讨论过了。例如个人电脑，它的液晶显示器可能是在韩国生产的，而主板、显像卡和声卡则在中国台湾生产，电源和键盘可能来自于中国，软件来自于印度，中央处理器来自于美国，整个产品是在美国得克萨斯州的奥斯丁市通过公司网站如www.dell.com来销售。换句话说，每个国家都变成了生产过程的一个环节。一些国家为电脑生产"大脑"，如中央处理器和软件，而另一些国家生产"四肢"，像硬件、键盘和鼠标。这是一种有组织的全球劳动分工。科技、资本和现代管理的引入创造了一个严密的跨国组织机制。跨国公司有效地整合了全球性不同行业的供应链和不同国家的生产和贸易竞争能力。它是一个有机的组织，不愿屈从于外部环境的变幻莫测或者是遭遇不可预测的和不确定的自由市场力量的驱使。

跨国公司的经营建立在指导和与子公司合作的基础上，而不是自由竞争。跨国公司可以在短期内根据企业全球战略的需要转变和重新安排一个国家的经济。统计数据显示，与传统的企业间贸易不同，跨国公司是企业内跨国贸易。这也显示了一个不断的演变过程：从一个基于国家的经济体系向一个由跨国公司控制而又灵活的全球性经济体系的演变。

跨国公司：吸血鬼还是奉献者？

从前面的陈述中，读者已经了解什么是跨国公司，公司为何成为跨国公司和跨国公司是如何经营的。下面将讨论跨国公司是如何影响人类社会的发展、生活和自然生态环境的。表 5 .1跨国公司全球化与社会发展显示了跨国公司的经营、全球化活动和它对社会普遍影响之间的关系。这张表是本章以下内容的提纲，以用来解释以下几个问题：

● 跨国公司是如何推动一个国家社会、经济、文化和政治全球化的？

● 跨国公司全球化的内在经济规律是什么？

● 跨国公司的内在规律是如何可能导致社会矛盾和冲突的？

● 跨国公司如何才能成为积极变化的推动力？

表5.1 跨国公司全球化与社会发展

跨国公司的经营与全球化	跨国公司运作的内在经济规律	跨国公司作为社会发展的奉献源泉	跨国公司作为榨取利润的吸血鬼
跨国公司的全球化生产与市场销售推动经济全球化	遵循市场规律，追求高利润、高效率、低成本和残酷竞争而不是社会公平与社会正义	有潜力*通过利用每个国家的特有资源优势帮助数百亿人脱离贫困、创造财富，使雇员的工资多高于当地公司	短期寻利动机高过其对社会的责任和自然生态环境的关注，外包就业机会，利用各国税法、劳动法或环境标准方面的差异寻利（如转移价格）
跨国公司全球范围的研发和技术转移推动科技全球化	跨国公司利用技术优势作为市场进入、控制竞争和行业垄断的手段	有潜力通过投资引进大批量对扩大就业有利的技术，通常要快于和好于当地公司，引进环境友好型的技术要快和好于当地公司	以知识产权上已有的优势和有利地位，对创新者高额奖励和使创新成果过于昂贵，破坏发明者鼓励机制和公共利益之间的平衡，忽视技术和产品对生态环境的长远影响

续表

跨国公司的经营与全球化	跨国公司运作的内在经济规律	跨国公司作为社会发展的奉献源泉	跨国公司作为榨取利润的吸血鬼
跨国公司全球生产和市场营销战略、大规模生产、大规模消费、统一的管理模式推动文化道德理念全球化	推行消费资本主义的理念和高效率低成本唯一的原则	有潜力引进先进的现代管理、工作、生产方式——从环境保护、消费者利益保护到劳工标准，多好于当地企业；给许多发展中国家带来保护人权和商业社会责任的理念	破坏文化认同性（统一性）与文化求异性（多样性）的平衡；文化霸权，破坏本土文化传统；无孔不入的推销手段使发展中国家天真的消费者处于不利的地位；以短期获利为目的以牺牲可持续发展为代价地引进某些产品
跨国公司与东道主国家政府的互动推动政治全球化	企业法人的唯利是图和利己主义的理念	有潜力树立好企业的世界公民形象，通过竞争活跃了当地的经济；施加压力、影响，迫使腐败的东道主国家政府以人民的利益而发挥作用	在全球各个东道主国家之间创造一个"降到底线"的恶性竞争；企业势力压过公众利益；可不必对世界上任何一个地方负责任、威胁国家主权和民主

* "有潜力"这个词非常重要，因为这些结果不是自然发生的，而是取决于政府、个人和企业所作出的选择。

跨国公司全球运行的内在规律和两面性

　　表5.1的第一栏解释了跨国公司全球经营的4个关键领域，跨国公司的经营又是如何自然地将整个世界在经济、技术、文化和政治上融为一体的；第二栏解释了其运行的内在规律；第三栏和第四栏揭示了跨国公司的运作为何可能在东道国社会中既产生积极影响，但同时也会产生负面的影响。

　　下述的章节将详细讨论跨国公司在第一栏的4个领域中是如何影响东道主国家社会的。将特别着重讨论跨国公司的两面性。

跨国公司作为社会的奉献者

　　表5.1第三栏总结了跨国公司在全球化4个方面是怎样有助于社会发展的。下面深入讨论这方面的一些问题。

全球化促使跨国公司创造出特有的商业模式

正如前面第三章和本章所提到的，跨国公司有利于将各国的比较优势发挥出来，无论它是一个大的市场、廉价劳动力、自然资源或是技术。其结果是帮助了数百亿的人脱离了贫困，正如中国和印度的经验所充分表明的那样。为创造财富，跨国公司从事于能为股东创造价值的全球化生产、销售和研究与开发活动。跨国公司活动因此能普遍地为其股东和社会产生双赢的结果。承认这种结果的潜在性并不意味着这结果是必然的。例如，跨国公司在为世界穷人服务时，是否可能是有利可图的？回答是要看公司的战略。C.K.普拉哈拉德在《财富在金字塔下面》一书中列举了大量的成功例子。目前世界有67亿多的人口，其中20%的人口多以每天1美元或更低的收入维持生活，而超过一半以上的人正在以每天两美元或更低的收入维持生活。显然按照购买力，这些以每天低于两美元收入生活的人群只代表了一个销售额很小的市场，但是由于其巨大的人口数量，加起来就具有举足轻重的世界市场地位。正因为他们有限的个人收入，在历史上一直被世界跨国公司所忽视。

在21世纪懂得如何争取较贫困消费者市场的跨国公司将会走在时代的前列。沃尔玛就是一个例子。作为世界上最大的跨国公司之一，它的商业模式建立在增加它的消费者购买力的基础上而不是建立在从每件商品中赚取最大利润的基础上。沃尔玛的商品以便宜知名，面向低收入群体，但它巨大的消费者群体使它在零售业占据了市场。"天天低价"的市场策略与一个有效率的后勤和高科技供应链管理系统相结合，已经使沃尔玛在世界销售方面处于首位。

联合利华（HLL）的印度分公司，是印度最受尊敬的企业之一，它不仅战胜了国内的竞争对手，而且也战胜了如高露洁和宝洁这样的跨国公司竞争对手。它正在赢得印度农村贫困人口的青睐。HLL通过为它的洗涤剂和许多其他的消费品设计独特的小包装来满足贫困人口的需求。HLL在印度农村通过当地妇女来推销它的产品方面也一直是非常成功的市场战略。HLL在印度的销售额现在已经超过22亿美元，并且创造了经济型的新式包装。

一些跨国公司已经作出了一系列的努力去了解发展中国家的消费者需要。结果是，它们开发出的产品不但非常适合于这些市场，而且也适用于它们本国的市场。为了更好地了解人们如何使用从洗涤剂到牙刷的各种产品，来自宝洁的数百名研究人员已经开始与中国城市和农村的家庭一起生活。那些只依赖发达国家的富有消费者的跨国公司在如何争取到发展中国家的消费者方面，正面临着巨大的挑战。适合于较贫困居民的产品例子还包括为在偏远农村使用的省电、廉价、多用户的电脑，跨国公司已经开发并引进像中国和印度这样的市场中流行的具有多功能的手机产品。第二章中的案例"以屏幕为老师的教学法"中的小学生使用的笔记本电脑也是一个例证。

跨国公司促进适应于第三世界发展的技术创新

在历史上，资本主义和私人企业通过新技术的引进已经极大地促进了人类的发展。这些例子包括铁路、飞机、汽车、空调、电话、抗生素、电脑和互联网等。对于跨国公司而言，21世纪主要的挑战之一就是去发现、创造和采用适合于第三世界国家众多的低收入人群的技术。例如，Visa在亚洲太平洋地区运营着成长最为迅速的电子商务网站——印度国家铁路公司网站，通过它向印度的穷人和世界上具有最多乘火车旅客用户的公司销售它的火车票。惠普在印度南部的一个村庄——Kuppam，赞助了一项创新的信息技术实验。Kuppam 位于印度最贫穷的一个区域，那里一半以上的人口生活在贫困线以下。惠普选择在Kuppam建立它最早的电子商务网站之一，允许当地的生产者通过这个网站来销售他们的产品。通过互联网技术的使用来为当地的产品找到新的市场，这种公用私有的合作关系促进了当地经济的发展。最生动的例子是信息技术的产生。由于受低廉和受到良好教育讲英语劳动力的吸引（工资大约低于美国20世纪90年代早期工资的80%～90%），卫星和无线通信技术跨国公司在十多年以前就开始向印度外包服务业务，为印度的经济起飞奠定了基础。在印度IT产业的发展中，跨国公司发挥了重要的作用。来自印度的哈玛穆锑教授说："帮助印度的班加罗尔成为一个最主要的软件产业集群尤其归功于得州仪器公司，它早在1986年就在那里落户了一个研究中心。然而，跨国公司可能占至少25%的印度信息技术的出口额。大多数的服务是由印度公司向非印度公司所提供的，也包括许多在印度有经营业务的跨国公司。"

截至2000年，《财富100》中的企业有超过10%的企业将软件外包给了印度。截至2003年，许多著名的跨国公司，包括摩托罗拉、得州电器、惠普、IBM、微软、甲骨文、太阳计算机系统公司、诺基亚、爱立信、飞利浦和西门子，都有从事于软件、硬件或研究与开发的印度分支机构。西方跨国公司已经间接地向印度输入了信息技术，帮助孕育这个产业在印度的诞生。总而言之，技术能够改变企业经营的方式，能够使一个国家走上经济发展的快速轨道。虽然IT产业不能独立地帮助整个经济摆脱贫困，但是它在发展中国家却扮演着"推动力"的角色。在经济起飞阶段不用自主研发投资，发展中国家就能够从引进发达国家的技术和专业知识中受益，为以后的科技起飞和赶超缩短了时间。

这里值得指出是，信息技术能够为那些内陆国家提供机会。第一，这些内陆国家，如中亚诸国，由于没有出海口，一直被现代全球化进程所忽略；第二，信息技术产业生产了比劳动密集型的纺织业和传统农业具有更高附加价值的服务出口。如第三章所述，这些传统的出口产品往往会遭受到来自于发达国家的高贸易壁垒和正在下降的世界市场价格之苦。

跨国公司能够支持当地经济的可持续发展

既然跨国公司是不会忠实于任何一个国家的，包括它的祖国。那么，它们的参与和对东道国的经济发展贡献能够持续吗？例如，当印度的工资从10%～20%上升到了美国在2003年的40%～60%之后，跨国公司会继续在印度经营吗？印度能够发挥它自己的潜能吗？只要跨国公司的商业利益与东道国的发展一直保持相辅相成的关系或趋于一致，那么这两个问题的答案就是肯定的。

借鉴一些亚洲国家和地区的发展经验，如日本、韩国、新加坡、中国香港和中国沿海的许多地方，这些地区在自然资源上一直是贫乏的。尽管如此，它们在经济上的成功是不可否认的。这表明，比较优势不仅是以一国的历史遗产或慷慨的大自然所赠予的资源为基础的，而且，事实上，它是可以被创造出来的。财富的来源已经从继承或自然的禀赋（例如，廉价的体力和脑力劳动力、土地和资本或者其他有比较优势的生产资料等），日益转移到从引进的技术和后天创造的知识资本上来。后天创造的科技知识和技术优势是以人力资本为基础的，这种技术优势首先由跨国公司所引进，然后由本土成长的企业继承和发展。在这种过渡和产业升级的过程中，随着新兴国家变得越来越富有和先进，跨国公司也不得不改变它的原有战略：从寻求资源到寻求市场，再到寻求科技创新。在21世纪的今天，每个人都已经认识到，在科学技术主导经济发展的今天，可持续财富的重要来源在于一国所能创造、接受、吸收知识的多少和多快的能力。

跨国公司对东道国的积极影响并不是确定的。历史上，跨国公司"最初"投资于发展中国家的动机一直是寻求廉价资源，无论是石油、矿藏或是廉价的体力劳动力。之所以强调"最初"这个词是因为接下来所发生的事情则取决于东道国把握外国直接投资所提供的机遇和使它的经济升级的能力。当一国最初的比较优势随着其经济繁荣和劳动力工资的增加而消失时，外国投资者（跨国公司）会向其他地方转移，在这之前，东道国必须连续不断地加大投资以使其产业升级和改善它的基础设施。然而，正如那些迅速发展中的亚洲国家一样，当东道国经济升级时，跨国公司的投资将会持续流入。在这个转折的时候，跨国公司的国外直接投资战略不再仅是寻求资源，如较廉价的劳动力或原材料，而是转向同东道国共同寻求开发新兴的消费者市场上来。事实上，随着人们变得越来越富有，他们就能够支付得起跨国公司所生产的商品和服务。

同时，跨国公司也会去寻求吸收为适应东道国环境所开创出的科学技术。这一过程将推动一国或一个地区纳入一个良性的发展循环或一个可持续的发展阶段。然而，全球化和发展之间的关系是微妙的。不是所有的故事都是成功的。如果一个东道国在最初的资源寻求投资之后不能使它的经济升级，情况就如同一些非洲和中东国家那样，尽管它们有丰富的自然资源如石油和矿产，但它们却一直陷入一种恶性循环的状态之中。

跨国公司能够促进东道国管理体制现代化

在21世纪，发展中国家将会变成跨国公司发展的处女地。发展中国家具备市场潜力、丰富的自然资源、低成本的体力和脑力劳动力以及技能和许多商机等。而跨国公司拥有技术、资本和这些发展中国家所最需要的与世界市场联系的纽带。当然，也要清楚地认识发展中国家自身的弱点或动荡不定的局势、漏洞百出的商业惯例、匮乏的基础设施，还有债务。在这样的商业环境中经营伴随着风险，跨国公司是否能够为它们自己和当地居民创造一个双赢的情况？这是跨国公司决策者针对不同国家特点所面对的可持续发展的关键问题。

跨国公司寻求稳定的、透明的、有利于发展的东道国政府政策和法律环境，因为对于任何商业交易活动而言，政策的连续一贯性和可预见性是必需的。当东道国的政策和法律制度不健全时，企业不得不依赖和采取贿赂及其他一些不正当的手段。但从它们自己的长期利益来讲，跨国公司需要东道国政府和它的法律体系更加透明和负责。因此，跨国公司能运用它们对外直接投资的偏好来选择一些地区以减少商业环境的不确定性和风险，这些地方具有相对效率高的商业环境和更好的政府政策。通过与发展中国家政府的博弈与合作，跨国公司能够促进当地政府管理体制的发展，进而推动并为当地更广范围的发展奠定基础，包括劳工制度、环境保护、供应商关系、消费者利益保护和建立一个低腐败的制度和商业环境。

跨国公司是吸血鬼

第170页的表5.1第四栏总结了跨国公司作为榨取利润

的吸血鬼是如何对一个国家、社会、消费者、文化传统、生态环境等产生消极影响的。下面将详细讨论这些潜在的负面影响。

跨国公司输出工作机会

跨国公司频繁的全球性生产链调整和外包生产毁掉了当地的工作机会，破坏了当地的社会稳定。跨国公司全球生产，如所有的高端品牌运动鞋，像耐克和阿迪达斯，为了利用当地较廉价的劳动成本，这些产品大都是在东南亚地区制造和生产的。随着各国比较优势的变化，如工资水平的变动，跨国公司需频繁地改变其生产和制造产地，因此，它们经常在不再发展的地区解雇工人，在成长性的地区雇用新的工人。

随着科技的发展，跨国公司在全球的生产和经营变得日益灵活和易变（如外包战略）。由于竞争压力和转换厂址成本下降的结果，国外直接投资相比以前更快和更频繁地流入和流出各个国家。20世纪后半叶，美国经历了蓝领工作的流失和大规模全球化，目前又面临着白领工作的流失和全球化。一些IT服务工作已经开始离岸转移到印度、中国和东欧国家。这些工作包括芯片设计、工程、基础研究、金融分析、软件设计与维护、艺术与建筑设计、影像诊断和管理咨询等。

从积极的方面来说，产品和服务的离岸生产使得公司成本下降；这种外包战略可使公司以比较便宜的价格向消费者提供它们的产品和服务；公司的股票价格上涨，使股东受益。在这一过程中，这些公司帮助发展中的东道国如中国和印度孕育了一个富有的中产阶级阶层。而这一富有的中产阶级将会增加对西方进口产品的需求。但另一方面，随着跨国公司源发国大量的人失去工作机会，外包活动导致了人们对跨国公司激烈的反感。值得注意的是，与蓝领工作不同，目前的白领工作全球化将使美国中产阶级的核心遭受打击，这将导致贸易保护主义的抬头。最令人担忧的是，在多哈回合谈判上，已经出现了公开反对解除对发展中国家出口商品的限制和壁垒的状况。

跨国公司的并购和兼并破坏竞争和就业。图5.2跨国公司的海外投资和企业兼并情况显示，跨国公司的兼并和并购活动构成了它们对外直接投资的相当大的部分。对于跨国公司的全球性经营而言，通过全球的整合，必须实现更高的效率和生产率。但兼并和并购经常导致大规模的裁员。实际上，由于兼并和并购仅仅是取代现有被购企业的所有权，这一举动减少了一个行业中公司的数量，使其行业从竞争走向垄断。合并之后不但减少了对工作数量的需求，而且也没有为当地输入新的资本。

跨国公司唯利是图偷税漏税

跨国公司被指责扫除为其获取利润的任何阻碍，包括当地的文化、自然环境或许多人的生计。批评指出，跨国公司侵犯了人权，它们支付给工人最低的工资，强迫工人长时间地工作，常常虐待工人以降低成本。在它们追逐利润的过程中，跨国公司被说成是忽视了道德价值。它们不断地寻求廉价劳动力、低税收和其他有利于生存发展的条件而不顾社会的长期利益。它们可能促进了当地经济的短期增长，但却是以环境破坏为代价的。跨国公司既追逐利润又推动经济发展。正是它们的本性造成了它们的行为。跨国公司的辩护者认为，企业并不是社会公共产品的创造者，那是政府的事。例如，教育或环境保护是东道国政府的责任。不错，政府的角色是去创立和维护社会秩序、法律体系，并建立所需的政策和法规。在这些社会资本缺乏的情况下，特别是发展中国家，跨国公司便成了众矢之的。真正的问题在于地方、地区、国家和全球各级水平上政府软弱的监管能力。

跨国公司逃避税收。跨国公司首先就是因为对市场缺陷或差异的利用而存在的（例如，国家间在工资、税收或法规上的差异）。跨国公司用它们世界范围的网络来利用这些差异。尤其是，能够在全球内转移它们在世界范围内的利润，从高税收的地方转移到低税收的地方（所谓的"税收天堂"）来逃避课税。根据美国会计总署的估算，即使是在一个相对复杂和发展的税收体系下，如在美国现存的税收体系下，美国和外国控制的大多数跨国公司在1996年至2000年之间并未支付任何美国企业所得税（见图5.3外国控制和美国控制跨国公司未来支付美国税收负债的百分比）。在一份不久前的美国会计总署报告中，以2000

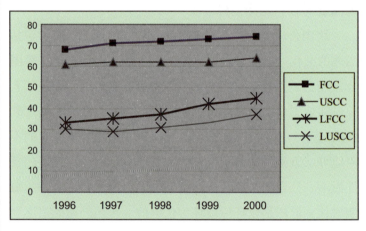

图5.3 外国控制和美国控制的跨国公司
未支付美国税收负债的百分比

注： FCC—外国控制的在美跨国企业
USCC—美国控制的跨国企业
LFCC—外国大型控制的在美跨国公司
LUSCC—美国控制的大型跨国公司

资料来源：美国会计审计总署，内部收益服务数据分析

财政年度为例，外国控制的跨国企业中有73.3%的企业没有支付税收，美国控制的跨国企业中的63%也是如此。在同一个年度，88.6%的外国控制的跨国企业和94%的美国控制的跨国企业宣称其税收负债占它们总收入的比例要少于5%。从这5年的趋势（1996~2000年）中可以看到，这种避税行为是普遍和一贯的。尤其对于那些大的外国控制和美国控制的跨国公司而言，似乎这种情形有上升趋势。

跨国公司加剧了收入不平等

历史上，经济增长总是伴随着收入不平等。然而，当前的全球化经济浪潮却导致了几种表面上看来荒谬的发展结果——经济迅速增长，贫困减少，生活水平普遍提高。但是同时，在近来非常短的时间内，人们已经发现国内和国家间的收入差距增大了，社会阶层间的流动性降低了。这是为什么呢？跨国公司把发展中国家数十亿的工人与世界经济联系起来，虽然这些工人大部分没有被跨国公司直接雇用，但工人受雇于与跨国公司相关的供应商或当地的出口企业，而其他企业可以从跨国公司和跨国公司的供应商在当地经济的发展中间接受益，这使得无数小企业的蓬勃发展成为可能。但是当全世界的资本家把世界的经济联系起来的时候，全世界各国的工人却处在一种国与国的竞争状态。例如，在印度和中国亿万工人加入世界经济的同时，美国或西欧工厂的工人却失去了谈判的筹码，不再能够为获得更好的工资和福利而讨价还价了，或者可能不得不接受工资的缩减，因为公司或者已经决定，或者威胁将其工厂迁到低工资低成本的国家。而对这些发展中国家来说，因为世界上跨国公司对当地工人的需求增加了，所以，全球化使第三世界国家的工资水平也上升了。

但是在发展中国家工资上升和发达国家工人工资下降或增速减缓时，为什么差距会扩大？正如第三章中所讨论的，国内差距扩大是由于全球化使一个国家中与对外经贸关联紧密的行业企业（例如电子行业）大大获利，而使面对本国或当地市场的行业和企业（例如以为本地服务为主的理发美容业）相比之下获利就小多了。因为世界市场总要比本地市场大得多，还有直接与间接参与世界经济的原因。而国际上国家间的差距是由于有能力与全球化接轨的发展中国家（如中国）发展迅速，而没有能力与全球化接轨的发展中国家，如一些落后的非洲国家，由于其落后的基础设施和健康状况使其迅速落后。

事实上，全球性的不平等、贫困国家的边缘化，和贫穷人口的境况正在恶化。据可得到数据的159个国家中，有50个国家（其中只有一个是经济合作与发展组织的成员）1990~1998年的人均收入经历了负增长。在全球化加速发展的时期（1990～2000年），最富裕国家和最贫穷国家的平均收入差距扩大。世界最富裕的5%的国家的收入是最贫穷的5%的国家收入的114倍。至于工人，在经济合作与发展组织国家内，最高工资与最低工资之间的差距也扩大了，尤其是在美国（图5.4工人工资——最高的10%与较低的10%的比率）。除此之外，熟练工人与不熟练工人之间的工资差距在美国发展得最快。唯一经历了正在缩小差距的国家就是德国。另外，以人均GDP计算的20个最富裕国家和20个最贫穷国家间的差距在过去的40年内已经极大地扩大了（见图5.5富裕国家与贫穷国家之间差距增加）。目前世界性的金融危机，只能使这些情况更加恶化。

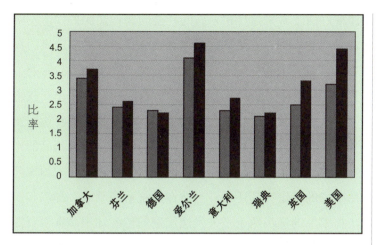

图5.4 工人工资——最高的10%与较低的10%的比率

20世纪80年代 ■ 20世纪90年代 ■
资料来源：经济合作与发展组织，《就业展望》和国际劳工组织

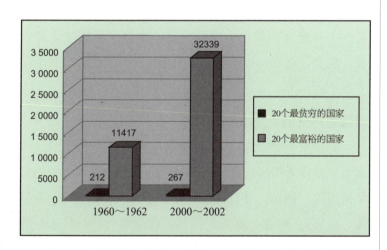

图5.5 富裕国家与贫穷国家之间差距增加（单位：美元）

资料来源：世界委员会

跨国公司以侵权为由垄断技术

　　知识产权经常使发展中国家处于不利的境地。不可否认，在一个基于科技发展的经济中，知识产权（例如，专利、版权、商标等）是至关重要的。然而，政府必须

处理好两个看来是自相矛盾的社会问题：在保护创造发明者权利的同时，要保护每个老百姓享受科学进步成果的权利。目前，工业化国家持有全球90%的技术和产品专利，其中97%由跨国公司所有。因此，目前的世界知识产权协议被认为是有利于技术先进的国家和企业的。欠发达国家几乎不能从较强的专利保护中获利。例如，一种药品的开发要花费数十亿美元，而这个数目比大多数发展中国家药品市场的总销售额还大。当然在传统草药萃取、提炼和制药技术上的进步给予了欠发达国家的传统知识和生物资源以更高的价值。这些资源能为当地的药品生产所使用。然而，在许多情况下，当这种努力付诸实施时，专利就会受到挑战。因为跨国公司强大的研发优势和申请专利的能力优势使发达国家处于优势。例如，日本的医药公司在开发某些中草药方面就比中国公司处于优势。从这个角度来看，当参与者具有如此不平等的地位时，这种游戏几乎是不公平的。

跨国公司推销了文化帝国主义

跨国公司扩大世界市场对本土文化传统的影响是什么呢？批评者指出，世界正要变成那些西方跨国公司的文化殖民地。例如，可口可乐、雀巢、CNN、迪斯尼、麦当劳、Levi's、耐克、索尼、佳能、花旗银行、福特、好莱坞电影等无孔不入的文化产品到处可见，充满全球的电影和电视节目。在大众媒体中，屈指可数的几家跨国公司控制着全球传媒行业节目的编排和播放。根据佐治·格伯纳博士的研究，好莱坞控制着全球的大半传媒市场，并且这一行业高度集中，被控制在三家大的企业手中，格伯纳认为，利润驱动的节目编排依赖于规模经济和标准化的商业模式。在一个全球市场中，以暴力、色情、武力等以视觉图像为主的影视节目更容易流行和跨越语言和文化屏障，带有这些内容的传媒节目更容易获得世界范围内的高收视率，从而提高规模经济和财源。在一些有悠久文化传统的国家，人们担心这类文化产品损害了本土文化。复仇、暴力、抢劫、色情会导致社会冲突和对抗，从而破坏社会和谐。然而IT技术的发展和网络媒体的日益增强，正在改变这种西方媒体垄断的地位，发挥了保护文化多样性的平衡作用。

跨国公司追求利润的市场推销忽视消费者的利益

当公司推销一种在发达国家和发展中国家通用的产品时，当公司推销一种成人、老人、幼儿通用的产品时，当公司推销一种城市和农村通用的产品时，往往会产生许多问题。一味追求利润和销售量的广告宣传，常常会误导消费者，特别是老人、孩子和对这类推销方式缺乏判断力的人群。在发展中国家，人们往往认为报纸和电视里宣传的东西大多可信，而很少顾及里面的玄机。这是一个公司的社会责任和道德问题。例如，有些对健康有害或有潜在危害的产品，像烟草制品和信用卡，结果可能不但糟糕而且可怕。例如在韩国，在跨国公司最初引入信用卡时，由于不了解高利息是如何运作的，很多的年轻人很快就背上了沉重的债务。雀巢公司在非洲引入婴儿奶粉时，广告推销使很多无知的年轻母亲相信吃了雀巢的奶粉，她们的孩子就会长得像西方人一样高大。孩子一出世就吃奶粉不但使非洲国家的年轻母亲断了奶水，更糟糕的是当地冲奶粉的水不卫生导致许多孩子死亡。实际上，当消费者缺乏足够的信息和判断力时，他们的购买行为并非与自由市场所预期的结果一致。市场已经不再是"自由的"，因为无知已使消费者的参与和判断变得模糊，并且处于不利地位。经济学家将这种情况称为"市场失灵"，正如销售婴幼儿食品所遇到的问题。有兴趣的读者请阅读本章结尾的案例。这种情况提出了关于销售者的销售手段问题和跨国公司在推销时对其特有的消费群体的责任问题。因此从自身的长期利益来看，跨国公司必须要考虑它们经营所在国的经济和技术发展水平以及国民的教育水平。

跨国公司的高能耗产品和高消费模式导致环境危机

适于西方市场和环境的产品也同样适于发展中国家吗？以汽车为例，它可能反映了追求独立和个性的美国文化和美国地广人稀的特点，从美国昔日的"一人一马"到今天的"一人一车"。然而，如果印度和中国也同样采用这种消费模式和同样的石油动力，那么我们不但呼吸困难，交通堵塞，各国外交关系紧张，更为可悲的是我们赖以生存的这个地球也将毁于一旦了！在全世界市场上一次性杯子、瓶子和盘子日益流行，这些产品的消费可能表明了人们对清洁的关注和对妇女从家务劳动中的解放。但是这些破坏我们环境的垃圾又如何处理呢？多数垃圾是不能被生物分解的，如塑料瓶会持续存在近100年也不会分解！随着地球人口的增加，所产生的垃圾数量将会变得令人吃惊。你能够想象如果发展中国家完全采用西方的生活方式，我们的地球会是什么样吗？又如空调使用的增加。这些设施的使用可能为人们提供了舒适与方便，但正是它们加速了环境污染和生活条件的退化——有时到了严重威胁健康的程度，包括呼吸道疾病。还有化学农药使供水源污染、毒素渗漏和致癌物进入农场土地。

总之，依赖于大量市场开发技术和只关注全球消费额和利润率，将驱使跨国公司进一步加速对资源的消耗和对环境的破坏。没有一个人能够否认生活在发展中国家的人们应该享受同样在发达国家中流行的产品和用途；这些发展中国家的人们拥有在工业化国家人们同样的权利，具有享用同样舒适和方便的合法诉求。然而，这种不注意环境和社会后果，不受约束的消费追求可能会导致对发达国家和发展中国家以及世界整体重大的负面影响。我们能否减少大量消费对环境所产生的负面影响呢？跨国公司当前的商业模式能否改善以更好地有利于生态环境呢？全球性消费和环境保护能够兼容共存吗？我们子孙后代未来的幸福将取决于今天我们对这些问题的答案。

无止境地追求低成本使各国恶性竞争和威胁民族工业

跨国公司一味追求低成本使各国为引入外资恶性竞争，同时威胁民族工业的生存，最终威胁国家的主权和民主。跨国公司利用其世界经济的实力作为谈判筹码威胁了东道主国家的主权和民主。反对跨国公司的观点认为，跨国公司的全球性实力允许它们无止境地压低工人工资和东道国的税收比例。在过去的20年里，各国政府普遍认为跨国公司是它们国家就业和财富创造的潜在来源。因此，国家间为吸引外国直接投资的激烈竞争最终使"跨国公司能为本地创造财富"的设想成了一个幻想。考虑到跨国公司极大的灵活性和实力，东道国的讨价还价地位已经极其恶化了。结果迫使东道国政府给跨国公司提供非常优惠的投资条件。在信息和交通运输技术发展的今天，跨国公司改变和转移生产产地相对容易，使东道国的招商引资对外优惠的经济政策来不及得到回报。

跨国公司遏制民族工业的成长和生存，是对国家主权和民主的一个威胁。批评者认为，跨国公司是强大的、不负责任的和垄断的巨物，抱定决心要粉碎小企业——买断一些小企业和把其他的小企业逐出市场。虽然担心吸引投资的优惠政策会利于跨国公司的利益，一些国家的政府也在提防这些大公司的力量和它们对本国主权所形成的威胁，但面对虚弱的反托拉斯立法和软弱的管理机制，究竟谁真正能够控制一个小小发展中国家的命运呢？它的政府，它的人民，还是大的外来跨国公司？对于这些小国家而言，主要的挑战是如何获得与跨国公司合作的利益，吸引外国直接投资和新的技术，同时也要保护好社会和本国利益免于遭受市场垄断。

世界公司　世界责任

在西方的经济理论界，对一个企业是否应该承担社会责任一直是有争议的。米尔顿·弗里德曼是知名的诺贝尔经济学奖获得者，芝加哥大学教授和自由经济的推崇者，他认为："企业唯一的社会责任就是去利用它的资源从事于增加利润的商业活动，只要企业遵守市场的游戏规则，也就是说，从事于公开而自由的竞争而不欺诈，仅此而已。" 主张这类观点的人认为，社会责任会使企业负担过重，可能会削弱企业生产和创造财富的能力，最终会损害整个社会的利益。没有一个企业是天生或专门用来解决社会问题的。社会问题是政府和其他社会部门的事。而亨利·明茨伯格，加拿大麦吉尔大学著名的管理学教授和企业社会责任的推崇者，他认为："企业是一种社会机构，如果它不能服务于社会，那么它就无权存在。" 总之，全球化为跨国公司打开了一个世界市场，这导致了更广泛和更重的，而绝不是更少的企业社

▲ 米尔顿·弗里德曼(1912—2006)

▲ 亨利·明茨伯格（1939—）

会责任。跨国公司为社会和人类发展所扮演的角色已远远超出了它们的祖国，从而被迫扮演利润追逐者和良好世界企业公民的双重角色。既然跨国公司是世界性的公司，就必然要承担世界性的责任。

跨国公司和中国

　　以上的讨论，为正要走出国门的中国企业提供了一个很好的正反两方面的借鉴。笔者深信世界市场最终会选择那些有远见和对社会负责任的企业，淘汰那些追求短期利益而对社会不负责任的企业。对中国正在成长的消费者群体来说，自身的教育和持怀疑态度的判断力，在市场经济中极为重要。因为消费者的每一项购买决定，不但会影响自身的利益，同时也将会影响和决定一个企业的命运和前途，最终影响全球化的进程和结果。对政府而言，保护消费者权益要放在首位，因为一个社会的发展最终要落实到以人为本。改革开放 30 年，跨国公司对中国的经济起飞和发展功不可没，但是其消极和负面的影响也是有目共睹的。希望我们为这些消极和负面影响所付的学费，能使我们的社会成熟起来，少走弯路。

案例一：圣克拉拉县到南太平洋的铁路

1886年，在一个具有深远意义的最高法院裁定案"圣克拉拉县到南太平洋的铁路"中，一家私营企业被认可拥有在宪法意义上与个人相等的法人权利。自那时起，企业的权利受到法律的保护，包括在一个自由民主社会中的言论自由权利和其他授予个人的一切宪法权利。在短短一个世纪的时间里，美国企业已经成功地从一个地方性的企业成长为跨州企业、全国性企业和世界型企业，并且享受如同个人一样的人权保护。

同历史上很多事物的发展一样，沿着否定之否定螺旋式上升的规律，不受约束的公司法人权力被滥用，最终导致了政府不得不用立法去抑制其一些明目张胆的滥用行为，例如价格操纵和行业垄断行为。反垄断的《谢尔曼法案》和《克莱顿法案》及其修正案都是同这种无节制的企业滥用其权利而斗争的合法工具。尽管如此，企业还是享有管理它们的经济活动，而不受政府任何干预的权利。

由于在国内有明确的经营自由，企业发展很快并促使美国公司开始向海外扩张。早在19世纪50年代早期，美国柯尔特枪械制造公司，就已经在英国建立了一家子工厂。1867年，胜家缝纫机公司在苏格兰的格拉斯哥开办了它的第一家工厂，这是美国第一个对外的长期直接投资。截至1914年，40多家美国公司，包括可口可乐(Coca-

Cola)、吉列（Gillette）、海因茨公司（H.J.Heinz）、桂格燕麦公司（Quaker Oats）和福特公司(Ford)，都已经建立了海外子公司。随着美国公司成长为跨国公司，美国政府提供了税收优惠政策，为企业在海外市场的发展提供保护。第二次世界大战后，马歇尔计划提供了为推进美国跨国公司到海外发展的机遇。经过一个多世纪的进程，许多美国公司已经逐渐衍化为跨国公司，它们利用海外资源采购和生产，在世界各地生产，向世界市场销售产品和提供服务。

如图5.6 跨国公司的成长历史，100多年以前，世界上大约有62个国家，2008年有大约220多个国家和经济实体；而跨国公司在2007年已增加到79 000多家，其遍及世界各地的子公司有79万多家。

跨国公司的生产和经营规模相当大。许多家跨国公司的销售额大大超过了一些国家的GDP。图5.7 跨国公司子公司与世界生产总值增长率的比较显示了跨国公司子公司在世界各地的生产总值增长率要大大超过世界生产总值的增长率，在2005年以后特别显著。据2008年联合国的统计数据，在对外直接投资上，它们贡献了大约两万亿美元。公司的销售额有31万亿美元，大约是世界总出口额的两倍。在这31万亿美元当中，大约有6万亿美元是出口额，余下25万亿美元是国外当地的销售额；在6万亿美元的出口额中，大约50%是通过企业内的国际贸易（在公司内部的分公司之间的跨国销售）进行的。图5.8显示了这些国外子公司的当地生产和销售大大超过世界贸易对世界经济的影响，即子公司当地销售总量占世界GDP的百分比从20%多增加到大约60%，大大超过世界出口总量占世界GDP的百分比即30%。海外雇员高达8 200万名。然而，必须说明的

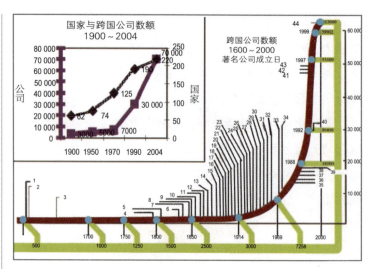

图5.6 跨国公司的成长历史

①英国东印度公司，1600；②荷兰东印度公司，1602；③哈德逊湾公司，1670；④大通曼哈顿，1799；⑤杜邦公司，1802；⑥怡和集团，1832；⑦J.P·摩根，1838；⑧菲利普莫里斯，1847；⑨美国运通、西门子，1850；⑩安泰，1853；⑪汇丰、诺基亚，1865；⑫标准石油，1870；⑬美国电话电报公司，1875；⑭雷诺公司，1879；⑮星巴克，1886；⑯可口可乐，1889；⑰通用电气，1890；⑱花旗银行，1900；⑲福特汽车、诺华公司，1903；⑳联合包裹服务公司，1907；㉑英国石油、通用汽车，1908；㉒IBM，1911；㉓迪斯尼，1923；㉔摩托罗拉，1928；㉕丰田汽车，1937；惠普，㉖1939；㉗沃尔玛，1945；㉘索尼，1946；㉙雀巢，1951；㉚麦当劳，1955；㉛耐克，1964；㉜英特尔，1968；㉝微软，1975；㉞甲骨文，1977；㊶雅马逊，1994；㊷朗讯，1996；㊸雅虎，1996

资料来源：麦达·伽布尔和亨利·布鲁纳（2003）《全球公司》，第3页；联合国贸易与发展会议（2005）

是，在这79 000多家跨国公司中，仅有其中一小部分公司独霸了世界市场。通过他们为数众多的地方性工厂、办公机构、雇员和管理团队，跨国公司已经创造了比国际贸易所能实现的更加深刻的国与国之间的联系。随着跨国公司跨国工商管理、生产和经营，它们对各国经济、文化、政治、科技创新、社会理念等已产生了重大的影响。

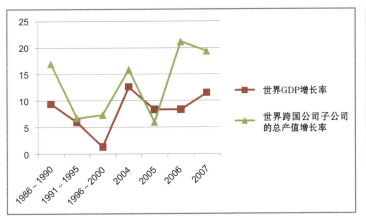

图5.7 跨国公司子公司与世界生产总值增长率的比较

资料来源：《世界投资报告2008》

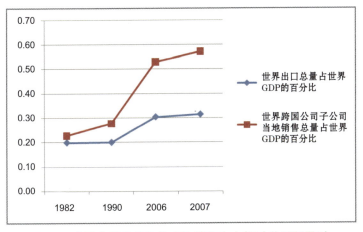

图5.8 跨国公司的当地生产和销售大大超过世界贸易对
世界经济的影响

案例二：一家在海上的跨国公司

　　大约40年以前，许多人认为航空时代的来临将意味着航海公司的倒闭，但事实证明他们是错误的。这130亿美元的行业不仅生存下来，而且还很繁荣。与"泰坦尼克号"富有的乘客相比，由于有竞争力的价格，今天普通美国中产阶级家庭可以在蓝色大海上旅游观光，包括餐

问题:

1. 国际公海海域应被视为"无人所有的海域"、"每个人的海域",还是"强国的海域"呢?为什么?

2. 从航海旅游企业、一个普通的游客、在靠泊港中的本地人、来自贫穷国家的船上服务员和自然环境5种不同视角,分别讨论海上旅游跨国公司商业模式的利弊。

饮和娱乐在内,每天大约只需150美元。航海旅游业完全是一个技术推动和跨国运作的现代商业。让我们了解一下游轮是如何运作的。皇家加勒比海国际游轮公司是蓬勃发展的大型旅游航海公司之一,它拥有1999年11月投入使用的"旅行者号"游轮。这艘游轮拥有138 000吨的排水量和每天能产生足够供应一个典型美国家庭80多年动力的发电机,更别提它在游轮上的设施了。例如,几个游泳池、一个日光浴场、一个健身房、一个三层的餐厅、一个图书馆、一个网吧和一个剧院。它的作业规模是令人生畏的。对于一个历时5天的旅行来说,"旅行者号"游轮要为大约8 000人(乘客和船员)储存和消耗6.5吨肉、1吨西红柿、2吨面粉、4 000个鸡蛋、3 000只龙虾、700加仑(1加仑=4.54609升,下同)冰淇淋、5 000瓶葡萄酒、1 000瓶烈性酒和25 000瓶啤酒。对于一个一周长的旅行来说,它要提供舱内个人服务,并同时为数个酒吧、餐馆和宴席大厅提供全天候的16万顿餐饭。"旅行者号"游轮有2 500间厕所,能储存20吨垃圾并将废物排入国际公共海域。皇家加勒比海国际游轮公司开创了一个全球流动性的商业模式。公司的游轮是在西欧建造的,由于可为当地创造就业机会,所以获得了东道国慷慨的造船政府补贴。它的股份在纽约股票交易所上市,总部位于美国迈阿密。这艘游轮注册于多个国家,比如利比里亚、巴拿马和巴哈马。游轮在这些国家受到非常优惠的待遇,因为它为这些国家带来了生意。由于游轮"旅行者号"销售的每样东西都被认为是"出口",所以同时享受国内和国外政府的优待,如极低的税收、关税和非常宽松的生态环境标准。据研究者伽林说,如果嘉年华游轮公司和皇家加勒比海国家游轮公司同其他美国公司一样按35%

来纳税的话，这两家公司仅在2003年一年就可以为美国政府创造518万美元的额外税务收入，相当于美国环保署在超级基金净化项目上每年预算的一半。嘉年华游轮公司的创建者特德·阿里森对政府税收非常反感，以至于他在退休之后，放弃了美国公民身份而搬到了以色列以避免支付财产税。除以上所述外，航线上游轮的运行大部分是根据公司自己制定的劳工法和安全法规来管理的。因为这类公司是在国际海域上经营的，在游轮上工作直接与乘客打交道的船员多是从发达国家招募来的，那些在游轮下层工作的工人多来自于最贫穷的国家，例如印度尼西亚、洪都拉斯、菲律宾。他们一天要工作10~14个小时来洗烫衣服或剥土豆皮，每月最多拿到550美元。然而对他们中的许多人来说，一天三顿饭、一个可以睡觉的小铺位和每月可以将工资汇回家的机会就很满足了。这种流动性的"度假胜地"是21世纪全球性资本主义的产儿。对于跨国公司来说这是一个完美的商业环境！

案例三：在商业广告熏陶下长大的孩子

自20世纪90年代起，孩子们就已经成为商业广告的主要对象，因为他们在最先尝试和采用新产品上的热心是独一无二的。一份源于15个国家27个城市对青年人的调查发现，75%的美国青年人想变得有钱，并相信他们的衣服品牌和他们的购买能力能代表他们的社会地位。同时，近来孩子中患肥胖症、焦虑症、注意力贫乏症等疾病的比例上升比以往任何一个时期都快。另外，孩子对电子游戏和其他电子传媒的沉迷和脑健康问题也越来越引起人们的关注。

关于在广告与孩童健康之间是否有因果关系的问题

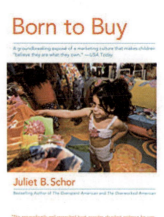

▲ 在商业广告熏陶下长大的孩子

上一直是有争议的。基于一项由美国科学院医学研究所在
2005 年公布的研究，美国研究者首次承认，广告与孩子们
对垃圾食品爱好有关系，并要求如果自愿限制失效，政府
应采取立法行动去强迫食品公司停止向青少年销售不健康
的食品。面对同样上升的孩童时期肥胖症比率的问题，欧
盟委员会在同一时间内发布了一份绿皮书，鼓励青少年健
康饮食和增加体育活动。

　　医学研究所的数据表明，仅 2004 年，企业就花费
了大约 100 亿美元向美国儿童和青少年兜售食品和饮料。
欧盟委员会找到了强而有力的证据，证明广告影响了年
龄在 2 到 11 岁孩子购买食品和饮料的偏好和需求，并
至少在短期内影响了他们的消费行为。据一家美国政府
机构——疾病控制与预防中心所言，与 1960 年年龄在
6~11 岁的孩子中 4% 的肥胖率相比，大约 16% 的美国
孩子和年龄在 6 到 19 岁的青少年是患肥胖症的。医学研
究所的研究进一步指出，由于一个人生命早期阶段的饮
食偏好和饮食模式对一个人今后的长期健康打下了十分

重要的基础，因此，需要加大力度改变孩子们不健康的饮食习惯和教育孩子健康饮食的知识。

这些发现对许多美国的食品公司提出了挑战，它们长期以来争辩说，电视广告与青少年的食品消费习惯之间并未证明有联系。虽然广告与孩子们在食品消费行为之间的联系清楚了，但问题并没有结束。目前争论的焦点是：谁应该承担责任，广告公司、父母还是政府？

目前，欧盟已禁止食品公司以孩子们为广告对象，否则它们将面临法律的制裁。而大部分的美国人认为，这是各个家庭自己的事，而不是政府立法的范围。但一些美国食品公司如卡夫，已经注意到欧盟的法规，并采取了积极主动的措施自愿停止向 12 岁以下的孩童做垃圾食品的广告。卡夫、雀巢和莎莉所属的美国零食制造协会（GMA）宣称："GMA 的成员同美国医学研究所的立场一样关心孩童肥胖的问题，并采取了许多委员会的建议。"然而 GMA 的发言人也说："没有一个人能否认广告的作用，但也没有一个人，包括美国医学研究所，能证明广告与肥胖的因果关系。"

案例四：罗帕·默什的故事

班加罗尔市是印度的 IT 技术中心，是一个很现代的兴旺城市，具有高效运作的商业文化和先进的通信系统。这个城市已经成为许多世界级跨国公司的 IT 总部所在地。同时大量的本地公司也为来自美国、加拿大和英国等发达国家的公司提供外包 IT 服务。印度具有受过高等教育和懂英语会话的劳动力，尤其适合从事劳动密集型的服务工作，例如接听电话。最近几年，服务业务已扩展到 IT 技术支持和商业资讯服务等方面。与 IT 相关的企业如雨后春笋般涌

> **问题：**
> 1. 关于食品广告和孩童肥胖的问题，企业自愿的方式与政府管理的方式的利弊是什么？
> 2. 在食品广告和孩童肥胖的问题上，父母、社会、企业和政府的角色各是什么？
> 3. 你是如何看待公司向儿童推销商品的，如衣服、鞋、玩具和电子游戏等？

问题:

1. 要求印度职员隐瞒他们的身份而假扮美国人这是否合理? 请从公司、印度雇员罗帕·默什、美国消费者、罗帕·默什的父母角度来讨论这个问题。

2. 罗帕·默什从一个传统的印度女孩转变为全球化经济中的现代化工人,她是获得了自由还是被剥夺了自由呢?

3. 通过罗帕·默什这个例子,讨论为什么全球化会导致社会和文化的冲突。

现出来,雇用了成千上万的年轻妇女。以呼叫中心公司的雇员为例,在文化上,雇员要通过语言培训来淡化她们的印度口音而培养美国口音。在生活上,要求她们选择响亮的美国名字,并通过看美国电视剧来学习了解典型美国家庭的生活方式。所做的这一切是为了在与美国顾客接触时,消除美国顾客对跨国谈话的隔阂感。确实消费者更喜欢熟悉的口音和安慰的感觉。在时间上,当美国是白天时,印度正处于夜晚。所以,工作人员必须晚上工作而白天休息。工作条件远不理想,而且在这个行业人们换工作十分频繁。然而尽管如此,呼叫中心的工作仍然吸引着成千上万来自小镇和农村的年轻女孩。她们被城市的生活、相对于印度标准来说的高工资和有利的承诺所吸引。24 岁的罗帕·默什就是她们当中的一员。对默什女士来说,与生活在家乡迈索尔的日子相比,她的生活实在是大大地改观了。在家乡,她从来不吸烟、喝酒或深夜在外逗留。她过去穿着传统的宽松裤,经常和她母亲在一起,让母亲作为她的伴护出席各种社交活动,包括她面试一份在班加罗尔的每月 400 美元的工作。现在一切已经变了。自信和经济独立的默什女士,现在穿着高档的紧身 T 恤衫、牛仔裤、耐克鞋,喝着马提尼酒和甜酒,经常出入迪斯科舞厅,有了一个男朋友。默什女士和她的朋友常常带上一张信用卡,在美国的连锁餐厅就餐。一位呼叫中心的职员宾尼斯·凡努格帕,描述了她的同事和她是如何逐渐的美国化的。她们快速地成了拜物主义者,价值观开始西化,逐渐远离印度的传统宗教。按照印度的传统观念,青年男女的单独约会和婚前同居被视为禁忌,但现在越发变得普遍起来。正因为如此,维护传统和文化的道德警察与争取自由的青年妇女组织在班加罗尔时常发生激烈的冲突。

第六章
我们的子孙后代与全球化

什么是可持续发展？

　　全球化是资本主义发展的必然趋势。它使人类经济发展突飞猛进，同时无论在延长人们的寿命方面，还是在增加国民财富方面，抑或是在提高生活和健康水平方面，都取得了巨大的成就。在全球化的推动下，世界上的许多国家在过去几十年里都取得了巨大的进步。但是值得指出的是，并不是所有的国家，也不是每个国家中所有的人民都取得了进步，甚至有些国家和一些国家中的一部分人在最近的一段时间里变得更落后了。同时，生态环境和可持续发展问题已上升为 21 世纪人类共同面临的和不可忽视的挑战。

　　为什么可持续发展问题在 21 世纪变得如此突出？与世界上其他的发达国家所经历的历史一样，大多数发展中国家在经济发展的早期阶段，为了眼前的生存需要，不得不把经济发展放在首位，而忽视了对生态环境的保护，结果是只注重眼前利益，而忽视了长远利益。更进一步说，人们一个劲地发展经济，而忽视了下一代和环境对这样的发展所需要付出的代价。以人为中心、以市场为中心、以利润为中心、以 GDP 为中心的资本主义全球化在过去 20 年得到了飞速发展。但越来越明显的是经济发展、人类社会发展和环境发展的相关问题也出现了。针对这个问题，1992 年，联合国在巴西里约热内卢主持召开了第一届地球峰会，即联合国环境与发展会议。在当时那是基于解决经济发展中出现的社会与环境问题规模最大的第一次国际性会议。这次会议的目标之一就是要确定是否有必要采取措施确保可持续发展。

到底什么是可持续发展？联合国世界环境与发展委员会将其定义为：人们在发展过程中既满足当代人的需求，又不对后代人满足其自身需求造成损害。广义的全球可持续发展要求每一个国家都必须关注人类社会的可持续发展、经济的可持续发展和环境的可持续发展这三个方面，并且在实现这三方面的可持续发展时要以不影响子孙后代的发展为前提。研究可持续发展的专家认为，世界上目前还没有一个国家已经实现可持续发展，即使是北美和欧洲的发达国家也没有。所以，我们实现可持续发展的道路还很漫长。

可持续发展与科技全球化

本书从全球化的四个推动力，即科学技术、国际贸易、资本和跨国公司展开了对全球化的讨论。在全球化与科技发展一章中值得指出的是，虽然毫无疑问科技是人类社会发展的动力，但是一个社会的取向同样决定了科技发展的命运。换句话说，什么样的技术得到发展和什么样的技术受到压制是由其社会制度和观念所决定的。科技发展不一定自然地把人类的发展纳入进步的轨道。科技的发展是否有助于改变一个民族的命运？人们对李约瑟博士的疑惑有很多争论但其共同点是：一个社会对时代的认识、社会的主流意识、一个民族的文化传统、主流道德观念和宗教信仰以及现行的社会制度都会影响科技本身的发展，也就是说，什么样的科技得到发展反过来影响科技对一个社会的推动或破坏作用。例如，历史上，伊斯兰文明和中国古代文明对科学技术的稳定发展了都发挥了很大的作用。但历史往往也会成为一个社会持续前进的包袱，影响其对新时代的适应能力。这也就是为什么历史上总是后来者居上。这似乎也是当时西方或欧洲的资本主义经济的发展会超过包括中国在内的古老的文明社会的原因。然而从历史发展的趋势来看，以美国为代表的先进的资本主义社会在不远的将来也许会面临同样的问题。在当代资本主义全球化的今天，资本主义不惜一切社会、生态环境或人类发展成本，一味追求最大利润的科学技术得到了充分的发挥，并派生出其特有的生产方式、消费模式、生活方式和社会结构。也许从人类历史发展的长河来看，这对解放和发展生产力的确起到了不可磨灭的推动作用，但是同时我们也开始感到其潜在的巨大破坏作用。从能源短缺、水源污染、生态环境破坏、全球变暖到物质享受和精神幸福的不平衡，人类不得不自省一下什么是进步？我们到底会给我们的子孙后代留下什么？读者请回顾第一章结尾所提到的7个问题：什么是衡量一个国家发展的标准？一个国家的发展是否给人民真正带来了实惠？经济的增长是否扩大了全民的就业机会？经济的增长是否使广大老百姓都受益了？经济的增长是否改善或提高了人民当家作主的权利？经济的增长是否建立、维护并延续了这个国家和民族的文化传统？经济的增长是否考虑了今后子孙后代的未来发展？

马克思早在19世纪50年代就开始研究在资本主义社会中科学技术发展的问题。与以往的学者所不同的是，马克思不认为科技是社会发展的必然动力，资本主义利益最大化的价值观往往在使某些技术得到发展的同时而使某些技术不但得不到发展而且起到了扼杀的作用。下面举两个例子：几年前发生的美国卡特里娜飓风和当前的再生能源技术开发。2005年8月29日，卡特里娜飓风在美国新奥尔良以东登陆。密西西比河沿岸的堤防好几处都被冲垮，随之整个街区都被洪水淹没，这前所未有的悲剧，使新奥尔良至今还没有从这次灾难之中恢复过来。而人们对此却丝毫没有察觉到，多年的违背自然规律的发展使大自然已经愤怒了，潘多拉魔盒已经被打开。虽然世界各大报纸的头版头条都报道过卡特里娜飓风以及其所带来的灾难，却很少提到路易斯安那沿海地区已经严重退化的生态系统，更没有人提到，美国的发展是如何漠视环境，因此严重加剧了自然灾害所带来的影响。众所周知，飓风是新奥尔良地区的一个自然现象，然而，根据大多数科学家的研究，由于人们大量排放二氧化碳气体到大气中，使全球变暖，造成全球气候剧烈变化，尤其是飓风越来越频繁，越来越剧烈。沿佛罗里达、阿拉巴马、密西西比州海湾沿岸以及美国东南部的大西洋沿岸的群岛是美国抵御飓风的天然屏障，而现在这些岛屿却成了那些度假海滩家园和海滨公寓开发商们觊觎的地方。当暴风侵蚀这些沙滩并不断改变这些岛屿时，人们不惜花费巨大的代价运来沙子，保护这些海滩家园和海滨公寓，但这些都是徒劳的。因为社会不应再把保护这些海滩家园和海滨公寓放在首要地位，而应该给予全面的环境评估后再采取行动。沿路易斯安那海岸，密西西比河千百年来所带来的沉积物形成了一个湿地。这个湿地成为这些岛屿的天然屏障。更进一步地说，这些沼泽还为各种鱼类提供了一个繁衍栖息之地，为各种水生生物提供了食物。然而，随着第一批迁徙者的到来，这种生态平衡便被打破。虽然开始时，人们开凿运河、修建堤坝、排干沼泽建房子和工厂等人类活动所造成的破坏是很有限的。

但近几十年来，人们对这片沼泽开发的步伐越来越快，特别是在这里发现了石油以后，人们大肆地建设钻井和输油管道，后来该地区又被墨西哥海湾引进来的海水淹没，于是这片沼泽被彻底地破坏了。据估计从1930年至今，这里大约有1 900平方里的湿地消失了。因此，卡特里娜飓风造成的灾难，很大一部分是人们对大自然疯狂掠夺，不断对已经被破坏的环境进一步破坏所造成的。极具讽刺意味的是，人们的种种商业活动破坏了环境，最终人们不得不面对那些愚蠢的活动所带来的后果，真是搬起石头砸自己的脚。一系列的环境问题已经严重威胁到该地区牡蛎和对虾捕捞业的未来。更为重要的是，我们看看新奥尔良的各个水域，尤其是密西西比河的主要流域，都如大家所知的西南航道一样也处在崩溃边缘。西南航道是每年数千只船只入海的重要航道，通过这个重要的航道，这些船可到达各个码头、航运目的地、粮食装载地和石油加工厂等。新奥尔良是美国进出口的主要港口之一，每年都有各种各样的商品，如橡胶、钢铁和化学品等通过这里转运。新奥尔良港是美国对中东出口粮食的重要港口，同时也是石油和天然气的重要集散地。卡特里娜飓风席卷后，西南航道被严重堵塞，人们不得不清理航道中大量堆积的房子、汽车、船只和集装箱等的废弃物，然而，灾难过后的创伤永远都难以平复。由于沿海的沼泽消失了，这个重要航道里的水不断流出，日益减少，而且水位已经低于海平面，这就意味着墨西哥湾和这个航道之间的通道被切断了，也就是说吨位大的船只再也无法从这个航道通行。陆军工程师们正面临着这样一个挑战，他们必须用各种疏浚工具疏通所有的堵塞，并建立堤防，以前虽然也这样做过，但代价非常巨大，而这些堵塞物又必须清理，然而这些措施都是治标不治本。新奥尔良已变成为海风袭击的前沿城市，因为重新修建的堤防永远无法替代那些天然的沼泽地。

第二个再生能源的例子。自从20世纪70年代的石油危机之后，人们懂得了石油影响着一个国家工业化的进程，影响着国与国之间的关系，是不可缺少但又是有限的能源。从此以后，各国都在考虑寻找能够代替石油的再生能源。但经历了30多年的时间，美国在这方面的进展还是非常曲折和缓慢的。尽管美国的科技地位领先，但庞大的美国石油和汽车跨国公司在政府两院中的政治力量十分雄厚，阻遏了其他汽车能源的研发，落后于巴西、日本和德国。就拿太阳能发电站来说，1913年，美国发明家弗兰克·舒曼在埃及创造了第一个大型太阳能发电站。他设计的系统有5台巨大的反射器，每面玻璃镜长62米，排列成抛物线的形状。每个抛物面将聚焦了的太阳光打在一只装有水的长管上，加热在它里面的水。发生的蒸汽供给引擎动力可以每分钟将6 000加仑的水从尼罗河泵到附近的地区。根据美国国家再生能源实验室的研究，这类太阳能发电站在理论上可以在美国西南部产生11 000GW的电力，相当于美国整个现有电力生产能力的10倍。虽然这种古老的技术非常有效率，但到目前为止在商业上还没有使用这种太阳能系统的例子。阻碍这个领域技术发展的一大障碍是这种大型工程需要大量的启动基金并且资本的回收周期也很长。在自由市场经济的条件下，仅靠私人资本和民营的商业模式来开发经营是很难生存下来的。从以上两个美国的例子，人们可以联想到我国在过去30年发展中所付出的代价。

不可否认，美国等西方社会已经开始认识到这个问题，但是由于其完备的资本主义制度、强大经济利益集团的既得利益得失、由此派生出的价值观念和文化理念，使其在解决这个问题上有相当大的自身局限性。也就是说资本主义制度到底能走多远？是否具有自我修正的能力？也许这个历史的重任将落到像中国和印度这样的发展中国家的肩上，因为这些国家人多、地少、资源短缺，有不同的历史和社会制度，再引入资本主义的一套生产方式和消费方式就显得矛盾突出。这一切也会迫使这些新兴市场国家去寻找一条不同的发展模式。

可持续发展与经济全球化

贸易全球化、资本全球化和跨国公司是经济全球化的核心和推动力。从本书中读者了解了为什么自由贸易是经济发展的途径。世界上大部分的发展中国家现在都认识到贸易是国家繁荣的关键，都已经在大规模地取消贸易壁垒。中国30年改革开放的经验也证明了这一点。然而，多哈回合谈判的多次失败，显示出一个对所有国家都公平的全球化仍然是个难以实现的目标。对世界贸易自由化的问题仍没有取得任何实质性的进展。更令人惊奇的是，那些很多年来都在鼓吹自由市场化好处和取消贸易壁垒的人们，却顽固地拒绝将自由贸易原则用在他们自己国家的对外经济政策上。在大部分的国际会议上，发展中国家的代表常常会公开表达他们的挫折和困惑。多哈回合谈判的拖延，坎昆、香港、日内瓦、巴黎、波茨坦等会议对发展中国家都不成功。实际上，现在发展中国家实力仍显不足，还不能够解决他们所应当关切的问题。而现实是，与数十亿人的命运相关的贸易自由化，却受制于发达国家大农业中少数农民的利益，然而正是这些农民的政治影响力阻碍了现状的改变。目前，金融危机、发达国家的失业问题更加剧了谈判的难度。正因为多边谈判的失败，导致双边和区域性贸易协议的发展。无可非议，中国将在国际上扮演更重要的角色。

国际资本市场全球化，为许多国家特别是东亚国家的经济起飞起到了功不可没的推动作用。资本追求短期利润的规律，对许多国家的经济稳定和发展来说，仍是一个主要的威胁。各个国家当然也不会因噎废食。所以对一个国家来说，世界金融和货币危机是不可避免的。国际投资者对在何时何地去进行投资有选择的权利，而接受投资的国家有避免金融危机的权利，这两种权利的博弈必须在全球层面上接受所有涉及方的参与和谈判。特别在这场金融危机以后，资本市场全球化和资本监管全球化是世界各国面临的重大议题。

跨国公司是全球化的实施者。跨国公司在资本、技术、市场开发和管理技术的传播等方面扮演着一个积极和关键的角色。它对于在全球范围内进行最优的资源配置来说是一个有效和不可取代的催化剂。它们可以帮助东道主国家创造更高的效益。但正由于其重要的作用，它们可能会滥用其权力。为了确保成本和收益在跨国公司和东道国之间的合理分配，对东道国来说，监督和监测是很关键的；对于这些跨国公司来说，要作为"世界公民"。既然它们的经营是世界性的，就必须要承担世界责任。许多跨国公司基于其长远利益，已经逐渐增加了它们对世界社会责任的关注并采取了必要的措施。然而，不论怎样，跨国公司和它的东道国之间的关系最终还依赖于双方之间的讨价还价。由于这些原因，那些小而贫穷的国家不可能轻易地从外国公司那里获取优惠以及那些它们急需的外国投资。这对全球的平衡发展仍是一个挑战。

资本主义自由市场经济机制是以消费来支撑和推动

的，而且鼓励过度消费。美国次贷危机就是很有说服力的例子。据美国责任贷款中心（Center of Responsible Lending）的数字，1998～2006年，美国的房屋次贷90%是借给那些已经拥有房子的借款人去购买第二套房子或更换更大的房子。如第四章所述，美国是一个依靠信用卡生活的国家，政府和个人都以借钱过日子。这是银行商业模式赖以生存的基础。这种过度消费的模式，忽视了生态环境的警示，忽视了人类赖以生存的公共环境。根据世界野生自然资金组织（WWF）2008年的数据，人类每年使用的资源超过地球资源再生能力的30%。美国目前的消费是其国家生态能力（以再生资源和排放吸收所用面积来计算）的1.8倍，中国目前的消费是它国家生态能力的2.3倍，印度的消费是它国家生态能力的2.1倍。世界平均每人的生态容量是2.1英亩。目前世界实际的每人平均生存脚印是2.7英亩，而美国是9.4英亩。可以想象，如果中国和印度全盘照搬西方的技术、消费和市场模式，这个地球是否可以承担得了。更可怕的是，这样下去各国早晚会为资源的短缺和争夺打世界性战争！美国次贷危机所引发的这次世界性金融危机是一个资本主义自由市场经济有可能走向反面的前兆。所以，可持续发展势在必行，同时，全球的问题需要全球的合作和解决方法。

经济发展、人类社会发展和环境发展的关系

可持续发展的三个基本要素是经济发展、人类社会发展和生态环境的再生和发展。它们之间的相关关系和相对比重又是怎样的呢？让我们先来考虑经济发展和人类社会发展的关系，然后再讨论这两者与环境发展的关系。经济

发展通常指国民生产总值和国民购买力的增长快慢情况，而人类社会发展是指文盲率的下降、老百姓平均寿命的延长、贫困程度的减少、收入不平等社会不稳定因素情况的改善、教育上男女平等特别是农村女童入学比例的提高、政府在健康和教育上开支的增加等。这里可清楚地看到经济发展和人类社会发展是相关的。只有经济发展了，才能有资金来提高老百姓的生活、健康和教育水平。这里值得指出的是，经济发展为人类社会的发展提供了必要条件，但不是充分条件。因为经济发展是否可以真正推动人类社会的发展还要看国内和外来投资的质量，对国内和国外各类技术的引进和采纳是否适合一个国家的国情，政府在健康、教育和基础设施的预算比例等。反之，人类社会的发展，即人民有了健康的体魄和良好的教育才有可能提高生产率和创造性，从而保持经济的可持续发展。所以，经济发展和人类发展是相辅相成的辩证关系。一个国家的经济发展是否有人性的一面要看一个国家的经济增长是否给人民真正带来了实惠，是否普遍地改善了人民的生活？例如，GDP的快速增长是否扩大了全民的就业机会？是否使广大老百姓而不是一小部分人受益了？是否改善或提高了人民参政和当家作主的权利？是否建立、维护并延续了这个国家和民族的文化传统？是否考虑到了子孙后代的未来发展？图6.1人类发展和经济增长的关系显示了G.Ranis和F.Stewart两位教授对世界5个地区84个国家1960~2001年经济和人类发展数据考察的成果。他们以婴儿死亡率下降作为人类社会发展的基本指标，把人均GDP增长率作为经济发展的指标，把这84个国家分成4类发展类型：偏人类社会发展型国家、偏经济发展型国家、良性循环发展型国家和恶性循环发展型国家。当一个国家既注重经济发展又注重人类社会发展时，这个国家就进入了一个良性循环发展的轨道。根据这两位教授的数据分析，中国在1950～1970年从恶性循环发展型国家转变成偏人类社会发展型国家；1970～1990年从偏人类社会发展型国家转变成良循环发展型国家，1990~2000年，经历了从良性循环发展型转变成偏经济发展型然后又回到良性循环发展型的轨迹。

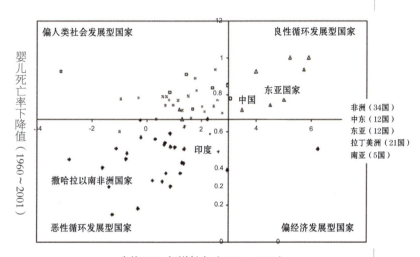

图6.1 人类发展和经济增长的关系

资料来源：Gustav Ranis（美耶鲁大学）和 Frances Stewart （英国牛津大学），2006 年9月

　　生态环境的再生和发展是经济和人类社会发展的根基，根深才能叶茂就是这个道理。下面讲一个复活节岛（拉帕努伊）的故事。这是太平洋上的一个小岛，它的故事更是令人感叹。岛上定居的波利尼西亚人，是在数百年前为了逃离战争或饥荒而乘独木舟从大陆迁来的，在地球上，复活节岛是离大陆最为遥远的岛屿。在岛上定居数世纪之后，那些原始波利尼西亚人的后代们已经丢失了他们祖先的航海技术和建造独木舟能力。多年来，他们砍掉了

曾经覆盖这个岛上的所有树木，因而到今天为止这些地方留下的仅仅是一些高大的野草，并且随着人口的增加，食物变得缺乏，战争也随之爆发。最后，那个曾经繁荣的文明，曾经建造了巨大壮观的花岗岩雕像的文明被破坏了，而且那些雕像也被推倒。那些遗留下来的人们已经丢失了有关他们遥远过去的记忆。他们相信他们是这个世界上的唯一居民，而这个世界也就是一个被巨大的海洋包围的小岛，因而他们也就不需再用船去航行了。随后饥荒和疾病也越来越猖獗，出现了人口危机、环境恶化。很多岛上居民后来都沦为商品，被作为奴隶贩卖到其他的国家。今天它的故事被看作是我们这个地球的一个黑暗版本的象征缩影。这个故事告诉我们一个道理：人类必须学会顺其自然地发展，而不是企图超越或破坏自然。

中国的发展速度是史无前例的，用短短30年的时间变成了世界上继美国之后的第二大经济体。但我们的生态环境却付出了极大的代价。以GDP增长率和以人类社会为中心的发展模式造成了对环境的很大破坏，同时使我们了解到生态环境的价值。从环境发展的指标来看，中国的能源使用效率指标低于印度，中国二氧化碳的释放量以7.8%的年增长率增长，占世界二氧化碳释放总量的17.3%，仅次于美国的20.9%。综上所述，处理好经济发展、人类社会发展和生态环境发展的关系是我们每一个公民的责任。

全球化将何去何从？

全球化并不是一个新的现象。自从我们的祖先离开他们古老的家园向全球扩展时就已经存在。从那时开始，可能在寻找食物和新的生存空间的过程中，一些群体会偶然遇见另一些群体，全球化即从此开始。人们会进行食物、工具和一些人工制品的交换。不过战争也从此开始，争夺资源和市场的暴行同时也被写入历史。因此全球化不仅带来新思想、技术和合作，同时也带来了灾难、厄运和战争。我们人类的整个历史已显示出是一个善恶共存的历史。随着全球化本身所带来的催化效应，或者由于全球化发展过于迅猛，人们感到茫然、失控和不知所措。而实际上全球化也常常通过战争、征服、传染病等表现出破坏性影响的一面，同时通过科学、技术、艺术等的转播，加速人类前进的步伐。

在讨论过全球化的许多方面之后，我们是要迎接它还是要被迫屈服于它不可阻挡的气势？抑或是去抵制和反对它呢？全球化是好还是坏呢？其实全球化只是一个过程，而且在很大程度上，这个全球化的过程将由我们去形成和塑造，更准确地说是由我们和我们的后代去形成和塑造。我们最终所能达到的目标将取决于我们所选择走的道路，这是一条前所未有的道路。不过这也是我们人类正在寻找的道路。通过我们人类的共同选择和决策，我们所创立的机构（政府、非国家组织、跨国组织、国际组织、公司、民间社团和工业组织等）以及那些我们已经采取或即将采取的行动和倡议，将促使我们克服困难并建立起这个全球和谐的社会。这种想法看起来很天真，但这是为我们人类共同生存所作出的努力。

总之，这个全球化的整个过程，将由我们自己来亲手创造。我们不能也不应当允许我们所创造的这个全球化去任意破坏我们所珍视的东西，如公正、正义、和平、文化传统、我们赖以生存的美丽环境。我们必须从（传统意义上）以人为中心的世界观、独立自主的民族观念过渡到自然和谐的发展观和互相依存合作的全球意识。

全球化的未来将最终取决于它的形成过程，因为过程决定结果。当然一些全球化的结果，不论好坏，都已经存在了，而且所有人都已经看到或有所经历。但这为我们的前进提供了借鉴。我们将面临无情的选择和艰苦跋涉，经历许多困苦和奋斗，或许这是我们人类自从我们的祖先从非洲大陆分离之后的又一次重聚。

　　全球化，正如这本书的书名那样，是一个缩小而又膨胀的矛盾世界。作为一名学者，我更相信知识的力量。通过这本书，希望能够促成有关对中国未来发展道路选择和全球化的论战；作为一名教育工作者，我相信未来掌握在读者手中。接受全球公民的意识，你是一个中国人，同时你也是一个世界人，你有发言权，你有影响力，全球化是属于你的，未来在你的手里。